优秀教师方略丛书

成为优秀教师的88个好习惯

Youxiu jiaoshi
Fanglüe congshu

高晓静 本书编写组 编著

Chengwei youxiu
Jiaoshi de 88 ge
Haoxiguan

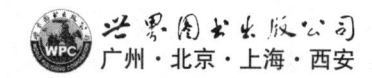

世界图书出版公司
广州·北京·上海·西安

图书在版编目（CIP）数据

成为优秀教师的 88 个好习惯 /《成为优秀教师的 88 个好习惯》编写组编 . —广州：世界图书出版广东有限公司，2010.11（2024.2 重印）

ISBN 978 - 7 - 5100 - 3003 - 1

Ⅰ . ①成… Ⅱ . ①成… Ⅲ . ①优秀教师 - 修养 Ⅳ . ①G451.2

中国版本图书馆 CIP 数据核字（2010）第 217498 号

书　　名	成为优秀教师的 88 个好习惯
	CHENG WEI YOU XIU JIAO SHI DE 88 GE HAO XI GUAN
编　　者	《成为优秀教师的 88 个好习惯》编写组
责任编辑	冯彦庄
装帧设计	三棵树设计工作组
出版发行	世界图书出版有限公司　世界图书出版广东有限公司
地　　址	广州市海珠区新港西路大江冲 25 号
邮　　编	510300
电　　话	020-84452179
网　　址	http://www.gdst.com.cn
邮　　箱	wpc_gdst@163.com
经　　销	新华书店
印　　刷	唐山富达印务有限公司
开　　本	787mm×1092mm　1/16
印　　张	13
字　　数	160 千字
版　　次	2010 年 11 月第 1 版　2024 年 2 月第 4 次印刷
国际书号	ISBN 978-7-5100-3003-1
定　　价	59.80 元

版权所有　翻印必究

（如有印装错误，请与出版社联系）

"优秀教师方略"丛书编委会

主　编

王利群　　解放军装甲兵工程学院心理学教授
周作宇　　北京师范大学教授、教育学部部长

编　委

马世晔　　中华人民共和国教育部考试中心
李功毅　　《中国教育报》副总编
王增昌　　《中国教育报》高级编辑
殷小川　　首都体育学院心理教研室教授
张彦杰　　北京市教育考试院
魏　红　　北京师范大学教务处
刘永明　　北京师范大学继续教育与教师培训学院 副研究员
刘艳茹　　北京市顺义区教育研究考试中心，中学高级教师
刘维良　　北京教育学院教育学教授
杨树山　　中国教师研修网执行总编
肖海雁　　山西大同大学心理系主任，教授
张兴成　　西南大学（原西南师范大学）副教授
南秀全　　湖北黄冈特级教师
方　圆　　北京光辉书苑教育研究中心研究员

序　言

　　优秀教师何以成为优秀教师，优秀教师的成长有无规律可循？这是一个值得思考和关注的问题。

　　"优秀教师"这个概念，它和我们平时常常提及的"骨干教师"、"名师"或是"特级教师"并不尽相同。后三个概念更多的是以某种标准加以衡量而赋予教师的某种荣誉，表征的是教师某个发展阶段的状态。"优秀教师"倾向于从动态变化的教师成长过程中来解读，它意味着一个漫长而艰辛的成长过程，一个离不开成长期的默默付出，历经高原期的苦闷徘徊，从而达致成熟期的随心所欲的成长过程。

　　我们应该把优秀教师看作是一个发展性的概念。作为一个教师，要在事业上获得成功，首先要有强烈的事业心和责任感，要有崇高的奉献精神，要有坚定不移的意志品质，要有持续发展的信念，要有永不满足、不断学习、不断进取的精神。从发展的角度看，所有的教师都可以成为优秀教师。

　　当然，成为一个优秀教师不仅要有自己的主观条件，还要有客观条件的保证，从立志做优秀教师到成为优秀教师不是必然规律。优秀教师能及时抓住时代发展的机遇，并使机遇成为成长的契机。机遇对成功很重要，但教师的成功不是靠被动地等待，而是认真踏实地工作，通过"量"的积累，在及时把握机遇中达到"质"的飞跃，获得成功。

　　为使主客观条件达到最佳的组合，从而获得成功，今天的优秀教师，应该改变传统的"春蚕到死丝方尽，蜡炬成灰泪始干"的被动的、悲凉的形象，树立一种新的优秀教师成长观，即关注自身精神生命的成长，使得优秀教师的成长不再仅仅是为了一纸文凭或是生存技能的提高，而是为了自我的充实与完善，为了个体的幸福与愉悦，为了更有意义的生活。为这样的目的而努力的人，即称优秀。惟有如此，优秀教师才有可能真正地唤醒自己，同时也唤醒他所接触的人，才有可能创造自己更为美好、更有意义的生活，同时也创造他人更为幸福的生活。

我们应该相信，优秀教师的成长主要不是依靠天赋，而是后天的因素；后天因素对教师成长的影响程度依次为个人的努力、教学互动、专家引领、师傅指导、同伴互助和领导支持。

在成长过程中，尽管每个优秀教师的成长经历都不相同，具有浓厚的个性色彩。但是透过表层的个性因素，仍然可以从中概括出某些共同的要素，说明优秀教师的成长还是有规律可循的，能够提出优秀教师培养的方式方法的。

根据对优秀教师成长规律的总结，我们编写了这套"优秀教师方略"丛书，其特点是强调教师学习与培训的针对性、适用性和可接受性，期望能在教师艰辛的成长过程中助一臂之力，让他们少走一些弯路，减少个人摸索的无效劳动；让更多的教师通过不断的学习、反思、超越，成为"优秀教师"。

前　言

我们都知道，培养孩子良好的习惯非常重要。因为习惯成就人生，习惯决定成败。可见，习惯在一个人一生的生活、工作中实在很重要。

教师要求学生有好习惯，首先就得自己有好习惯。教师有好习惯是培养学生具有良好习惯的保证。要想成为一名优秀的教师，好习惯的培养是必不可少的。

普通教师与优秀教师的区别之一就在于习惯，从某种意义上说，世界上不存在优秀的行为，习惯优秀才是真正的优秀。拿破仑说过："把一个信念播种下去，收获的将是一个行动；把一个行动播种下去，收获的将是一个习惯；把一个习惯播种下去，收获的将是一种性格。"身为教师，在教育学生养成良好习惯去获取成功的同时，自身也应在良好的教育习惯中培养出良好的教育性格。

人们经常说要做一名智慧的教育者。智慧从哪里来呢？就从习惯中来。那么，教师如何真正拥有良好的习惯，并有效促成其专业发展呢？相信本书能给所有立志成为优秀教师的老师们一个满意的答案。

从讲述发生在教育活动中的动人教育教学故事出发，在对实践的反思中获得理念的转变和提升，这就是案例的作用，也是我们编写本书的出发点。我们精心选择了一些经典性的案例，主要是一些优秀教师的教育心得和体会，并适当归类。每个"案例"后面有"思考"。"思考"是由编者在尊重教师们的体验、领悟的基础上，围绕案例所提供的丰富的情境和思考的空间作一个简洁的评析，帮助教师们拓宽视野，做理性的思考和提升。

最后，衷心希望广大教师能通过研读本书在日常教学和生活中养成良好的习惯，以高尚的师德、渊博的知识、先进的教育理念、科学的教学方法及完美的人格来影响人、教育人、培养人，为培养新一代人才而努力。

目 录

一、职业素质篇 /1

1　记住学生的名字　/2
2　主动问候学生　/4
3　尊重学生的个性差异　/7
4　在学生中树立威信　/9
5　平等对待每位学生　/12
6　擅用宽容的力量　/13
7　把赞美还给学生　/15
8　要多一点儿耐心　/17
9　学会换位思考　/19
10　控制自己的不良情绪　/21
11　经常跟学生谈心　/24
12　掌握批评的艺术　/27
13　对学生抱有积极的期待　/29
14　引导学生相互欣赏　/31
15　暗示是一种强大的牵引力　/33
16　敢于向学生承认错误　/36
17　广泛征求学生意见　/38

18 要说话算话 /40

19 培养敏锐的观察力 /42

20 做好榜样角色 /44

21 尊重学生的兴趣 /46

22 让学生体面地下台 /49

23 妙用授权激励学生 /52

24 用信任交换信任 /54

25 每天反思一下自己 /56

26 与家长保持联系 /58

27 真诚地帮助同事 /61

28 尽可能帮助困难的同学 /63

29 惩罚也要讲究艺术 /64

30 积极参与课题研究 /66

二、课堂教学篇 /69

31 提前三分钟进教室 /70

32 不可忽视课前准备 /72

33 走下讲台去授课 /74

34 课堂要立规矩 /76

35 杜绝教师一言堂 /79

36 课上要学会倾听 /81

37 语言要有亲和力 /83

38 丰富你的表情 /84

39 尊重学生的创新思维 /87

40 用幽默点亮课堂 /89

41 把握整个课堂的节奏 /92

42 尊重学生的差异 /94

43 巧妙设置提问环节 /96

44 善待学生的错误发言 /99

45 要有自己的教学风格 /101

46 做不拖堂的老师 /103

47 有效使用课本习题 /105

48 巧妙运用教具 /107

49 敢于承认自己不知道 /109

50 用游戏激活课堂 /112

51 用精彩的板书点缀课堂 /115

52 上课时要充满激情 /117

53 注意提升作业内涵 /119

54 灵活处理课堂"意外" /122

55 合理运用课堂奖励 /125

56 经常梳理课堂 /127

57 养成问课的好习惯 /130

58 试着跨学科听课 /133

59 听课中要"品"课 /135

60 让课堂的每一天都是新的 /137

三、课外提升篇 /139

61 对自己的仪表负责 /140

62 教师也需要烂笔头 /142

63 虚心向别人学习 /143

64 多读书不是坏事 /145

65 练好教学基本功 /147

66 多做调查才有针对性 /148

67 整理好自己的办公桌 /150

68 呵护好自己的健康 /152

69 给生活增添快乐 /154

70 科学管理自己的时间 /156

71 常怀感恩之心 /159

72 协调好家庭与工作的关系 /161

73 培养自己的兴趣 /163

74 调节自己的心理状态 /166

75 正确地认识自己 /168

76 学会原谅自己 /171

77 不要奢求额外的回报 /173

78 规划自己的职业生涯 /175

79 勇敢面对改变 /178

80 学会合理规划生活 /180

81 对任何事物都有自己的观点 /182

82 积极乐观面对生活 /184

83 不要与他人攀比 /186

84 严格要求自己 /188

85 不忽略每件小事 /189

86 让自己"现代"起来 /191

87 教到老学到老 /193

88 下决心成为名师 /194

职业素质篇

1 记住学生的名字

我们一直都在说，要关注每一位学生。其实，来个最简单的测试：你现在的学生的姓名你都能写出来吗？你一年前的学生你能记起几个？你五年或十年前的学生你能记起几个？考考自己，就知道我们自己到底有多在乎学生，有多关爱学生。

许多教师总是愁眉苦脸地抱怨自己记忆力衰退，过目就忘。其实，还是这样一句话，有注意才有记忆。很难相信，连学生的名字都记不起来的老师怎么能因材施教，怎么能走进学生的心灵深处？

众所周知，我们每个人都很看重自己的名字，学生也不例外。记住学生的名字就是对他们人格的尊重，是对他们作为班级成员的肯定和认可。

记住学生的名字可以促进学生健康心理的形成。当他感觉到老师重视自己的时候，他会变得格外自信，相反则容易产生自卑心理。

记住学生的名字，是教育公平的体现。出类拔萃的学生你要记住，顽皮淘气的学生你要记住，名不见经传的学生你也要记住。作为科任老师，你责无旁贷；作为班主任，你义不容辞。

记住学生的名字，是沟通师生情感的纽带，可以增加学生对老师的信任感、亲切感，"亲其师"从而"信其道"，"学其理"。

案例

曾经有个学校对新教师进行了一系列岗前培训，要求新教师"从记住每一个学生的名字做起"。这条看似普通而平常的规定在学校引起了不小的争议。赞成者认为这是师德的基本要求，一个老师如果连学生的名字都叫不出，那怎么会对学生的学习情况有所了解和指导呢？质疑者则认为记住每个学生的名字并不现实，尤其对于课多的老师来说难度大，有的即使

名字记住了也很难对上号，所以不应该强求老师记住每个学生的名字。我仔细看了这则规定以及他们的争论，联想到自己的教学生涯，在这条要求上既有成功的例子，也有失败的例子。

  还在上学时，教学法老师就告诉我们要记住每一个学生的名字，他说记得学生的名字才能走近学生，让学生感觉到受到了尊重。为此他还列举了周恩来总理的一些相关事例。教学的最初几年，我一直记得老师的话，真的这么做了。在每次开学前还没见到学生时就看着名字条对着照片，将他们记得八九不离十。所以在和学生第一次见面时，凭借记忆加少许猜测，笑眯眯地叫出学生的名字，学生们的惊喜至今仍让我记忆犹新，他们亲切地称我为"苗苗老师"（"苗苗"是一部电影中的一位可爱老师），并且说每次和我打招呼我都能微笑着喊出他们的名字，他们觉得温暖。就这样，我和我的学生走得很近。

  可是随着时光的流逝，加上这些年的扩招，教学任务加重，我渐渐地失去了最初的热情，我和学生之间的交流日益减少。有时几年下来，有些学生的名字都叫不出。课堂上提问时经常在座次表上查找名字，遇到没有座次表的班级，我自作聪明地用他们的典型特征来称呼，于是课堂上经常会出现类似"第三排穿红毛衣的女同学"、"最后一排戴眼镜的男同学"等称呼。刚开始这一做法还很新鲜，常常会赢得同学会心的一笑，我也习惯了这种做法。可是后来发生的一件事让我开始反思。

  一天晚上值班，班上学生找我谈心。这是一位品学兼优的孩子，但是名字实在让我费心，叫"茜茜"，一个班级上有两个"茜茜"，仅姓氏不同也就算了，但同样的两个字在她们的名字里读音却完全不同，一个读"xī"，另外一个读"qiàn"。刚开始，我记住了她们的名字，可是毕竟一个星期两节课，又不带班，我提问时就经常会张冠李戴。每次同学都会给我善意的提醒，我还真没有把这当回事。没想到这孩子就为这事来找我，她哭了。她说一直很喜欢听我上课，她努力想引起我的关注，可是她觉得自己很失败，还是被老师冷落了，原因就是我连她的名字都会叫错。怎么会这样呢？其实我很欣赏这个学生，只是名字叫错了，竟然给她带来这么大的伤害，这是我始料未及的。

我陷入了沉思，这个孩子很直率，主动来找我交流，那么在喊错或者叫不出名字的背后，还有多少学生受到了伤害呢？我无从知道，开始不安。即使到现在，几年过去了，一想到这件事，我的内心还有不安泛出。

也许叫错名字对老师来说算不了什么，谁会在乎呢？我们有很多很多的理由可以来为自己的行为辩解，但是学生在乎。一个足够尊重学生的老师，一个有着强烈责任心的老师，确实应该尽力去熟悉每一个学生，想方设法记住他们的名字，以便交流和指导。也许有点困难，但是正如南京理工大学的黄锦安教授所言："做好一名教师，应该先从记住每一个学生的名字做起。"

思 考

教学讲究情感互动。记住名字，看似一件小事，但要知道，一个老师不用看花名册，第一节课就能把学生的名字脱口而出，对学生的心理是很震撼的。你是老师，你就得用心去打动学生，学生才会尊重你。这是教育的功力之一。

罗恩·克拉克先生26岁时曾获美国最佳教师奖。他讲过一个希拉里夫人的故事。有一次，罗恩·克拉克老师应邀带着全班37名学生去白宫。当时克林顿总统和希拉里夫人接见了他们。学生们参观了白宫，并与总统和夫人交谈。当同学们列队与总统及夫人告别的时候，克拉克先生注意到，希拉里夫人叫出了每位学生的姓名！而学生们也记住了这位未来的女参议员。

2 主动问候学生

很多学生已经养成了尊重老师、向老师主动问候的良好习惯，但是也有些学生见了老师，或视而不见，或躲躲藏藏，连个招呼都不打。问其原因，学生的回答恐怕出乎许多老师的意料："不是我们不愿意打招呼，是因为我们和老师打招呼时，老师的回应大多数是敷衍的，而且很冷淡。"

面对学生的问候，很多老师只是"嗯"一声了之，有的甚至理也不理便匆匆而去，主动与学生打招呼的，更是少之又少。

其实，教师的一声主动问候，会如一缕清风，拂去学生心中的烦忧，使其神清气爽；教师的一声主动问候，会如一泓清泉，涤荡学生心底的污垢，使其心田清润；教师的一声主动问候，会如一捧月光，放牧学生自由的心灵，使其顿生自信、自强的勇气。教师主动与学生打个招呼，常怀此心，常行此道，而且要从点滴小事做起，才能真正成为学生的良师益友，真正得到学生的尊重。

案例

我是一名班主任，每天清晨都要在学校门口迎接学生进校，很多学生在教育、训练中已将见到老师主动问好变成为自觉行动，在我的头脑中也形成一种学生主动向老师问好是天经地义的事的思维定势，有时学生忘记了，我总会摆出老师的威严，批评他不讲礼貌。

一件事情让我开始反思这种习惯，并作出了改变。一天清晨，我照例站在学校门口迎接学生，检查学生的仪表，接受学生的问候，一切都是那样的自然。看着学生乖巧、顺从的样子，我心中有说不出的喜悦，可以说还有一丝成就感——这是我们教育的结果。这时陶陶走过来，他并没有向我问好，而是径直走进了校门。我这时火气一下上来，心想这个学生怎么这样没有礼貌。我大声叫住了他，质问道："陶陶，你没有看见老师吗？为什么不向老师问好？你怎么一点礼貌也不懂！"陶陶显然被我给问愣了，好半天没说出话来。就在我们僵持的时候，陶陶忽然说了一句让我十分吃惊的话："老师，为什么每天都是同学们向您问好，您从来不向我们问好呢？"

按照以往的惯例我肯定会说："我是老师，学生尊敬老师是规矩，难道还要让我向你们问好不成？"可这些话我却没有说出口，我让陶陶先进教室，自己陷入了沉思。我们认为学生向老师问好是尊重老师的一种外在表现，连问好都做不到还谈何尊敬老师；但我又问自己，每天90%的学生都主动向我问好，他们是迫于老师的威严，还是真正尊敬老师？这在我心中画了一个大大的问号。我知道陶陶并不是有意不向老师问好，我们总说

尊重学生，面对学生这样的情况我们应该怎么做？老师尊重学生表现在方方面面：尊重学生的人格，尊重学生的差异，尊重学生的创造……我决定转变我的传统观念，用我的言行影响学生。

第二天清晨，我特意穿了一件漂亮的衣服，站在门口。对待每一位学生我笑脸相迎，对待学生的问候我热情回应。当有学生忽略向我问好时，我会主动地问一声："某某同学早上好！"这言语中没有气恼，没有责备，只是一句平等的问候。学生马上醒悟过来，不好意思地说："刘老师早上好！"这时的师生关系显得和谐、自然。

以后学生不会在清晨担心因忘记向老师问好而遭到批评了，老师一句轻轻地问候，给学生带来一天的好心情，拉近了师生之间的距离。

思 考

要求学生讲礼貌，我们当老师的首先应该做出表率，如果我们能够主动与学生打招呼，学生一定更加愿意接近老师。老师主动打招呼不仅限于师生见面时，还应表现于课堂内外：上课时，请多走下讲台，给孩子们更多的关心；提问时，请多靠近学生，给孩子们鼓励的目光、微笑的表情、赞赏的话语；下课时，请多在教室停留几分钟，和学生唠唠家常，说说闲话，倾听学生的心声……

作为老师，我们的任务就是作为成年人去教育未成年人，那么我们能否将身子放低一点，主动问候学生呢？一声"×××你好"，学生对你油然而生一种敬意，从喜欢你的这句问候开始，进而喜欢你所教授的课程，这样不是更利于我们与学生的交流？因为一声"同学你好"是你教的学生在一个特定的时候得到你的问候，他对你不就生出一种好奇心，关注你的目光多了，同样也是一种幸福啊！就像北京师范大学心理学院教授刘翔平教授所说的一样："我们主动问候学生，本身就是以一种积极心态去面对每一天的事物。"这对于我们老师而言，尤为重要啊！其实我们主动问候学生，就是让自己的心态积极起来，进而也影响到学生，老师的人生价值是什么？就是教育成功。成功首先是人的心理教育成功，所以说，我们每一老师更应该主动问候学生！

3　尊重学生的个性差异

前苏联教育家苏霍姆林斯基说过:"每一个儿童的思维发展都有其独特的道路,每一个儿童的聪明才智各有各的特点,没有任何一个正常的儿童毫无能力,毫无天赋。"每个学生的潜能远远超过眼前的一切,教师应能发现学生的变化,看到学生的闪光之处,从而为学生创设宽松和谐的环境,使他们全面健康地发展。

教材是统一的,可是我们教师面对的是各有差异的学生,他们的身体条件不同,智力发展水平不同,感受能力和反应速度都不同。这是一个很大的矛盾。怎样使那些能力弱的学生不在学习之初就处处受挫,不致在还没有来得及调整自己之前就遭淘汰呢?作为教师,我们应该从学生本身的特殊性出发培养他们,在对学生统一而严格的要求中,努力发现学生的个性,以细致的工作态度研究学生的听课状态、思维特点,找出适合学生自身的学习方法,帮助这部分学生实现听好课的愿望。对那些学习有困难的学生,笼统地认为他们学习不认真、不专心听讲,采取简单批评或向家长告状的办法,都不能取得好的效果。

案例

学生小汪,初一新生入学后被班主任选为体育委员。他成长很快,无论在管理能力、组织能力还是自身的示范性方面都表现出色。在这样优秀的体育委员配合下,本班的广播体操教学模块提前完成了教学任务,并在学校18个初一班级的广播操比赛中获得了第一名。在接下来的第二模块排球教学中,同样地,全班同学在他的带领下也很配合老师的指导,认真地学练,很快又在轻松而愉快的氛围中高质量地完成了此模块的教学。就

在我为有这样出色的体育委员而庆幸时，意想不到的事情发生了。

第三模块是篮球教学，由于此时的天气已经渐渐变冷，学生的自主练习相应要增加，所以在此模块教学中，我采用简化规则的全场游戏法（第一堂课据学生的身高分大组，以后据运动能力分大组），我设想他能在游戏中充分发挥体育骨干的才能。然而，当其他同学都在按照我的要求去游戏时，体育委员小汪却说："老师，我用跑步代替打球行吗？"当我询问原因时，他很生硬地说："我不会打篮球。"我解释："我们今天是玩'8对8'的篮球游戏，只要你有勇气去抢球，你就能行；另外你比别人有独特的体育优势……"经过一番思想工作，他终于走到了球场，但还是很不情愿，只是来回走走敷衍。课后我又找他谈话，没想到他还是只有一句话："我不会打篮球。"当我把话题转向他是班级的骨干，同学都向他学习时怎么办，他同样的口气说："那我就不当这个体育委员了。"这时，我也用了命令的口气说："那你好好考虑一下，下一堂课给我答案。"此时，我陷入了深深的思考之中：这么优秀的体育委员怎么突然就和老师产生对抗情绪了呢？经验告诉我，如果这个体育委员被换了，这个班级以后将会有一批以他为首的"团伙"很难管理。

经过与班主任的交谈，我了解了这个学生的情况：

1. 他的学习成绩在班级里是第五名左右。

2. 他的父亲是个老板，说话的口气有些像父亲；同时又是家里的"掌上明珠"。

3. 他性格倔强，前几天和数学老师也闹得不可开交。

结合课堂上的表现，我和班主任共同分析了他在体育课上产生对抗情绪的三种可能原因：

1. 把在数学课堂上的情绪带到了体育课堂上。

2. 篮球基础太差，出于爱面子怕打不好篮球。

3. 对任课老师某方面不满。

于是"对症下药"，我和班主任分头行动：

1. 自我反省：教师先不去管它，使他产生负疚的心理；当他受到冷遇后，他会因此而十分不安，并会感到他的对抗手段是没有什么用处的。

2. 正面引导：考虑到他特殊的心理状态，我们应成为他的知心朋友，消除他在课堂上出现的畏惧心理和对立情绪。针对他不同的兴趣、能力、气质、性格、身体素质等特点，分别对他进行思想教育，宣传体育锻炼的重要性，引导其端正学习态度，克服自身不利因素的困扰，提高主动练习的积极性，恢复在学生中的良好形象。

通过多种教育手段的应用，后来他主动向我道歉，承认了自己的错误，并保证：虽然他对篮球的确一窍不通，但一定要按老师的要求强化练习，并提出还要继续任职体育委员。

经过以上的事件，我感悟到：所谓的"问题学生"并不是天生就是"问题学生"，而是某种环境的产物。在教学中许多教师都会碰到一些捉摸不透的学生，作为一线的教师必须学会研究学生的个性差异，采用恰当的方法，减少"问题学生"的存在。

思考

"教育首先是关心备至地、深思熟虑地、小心翼翼地去触及年轻的心灵。"苏霍姆林斯基还告诫教师们，要像对待荷叶上的露珠一样，小心翼翼地呵护学生的心灵。而在现实教育中，我们的不少教师和家长，除了关心孩子的分数之外，还关心过他们什么？我们关心过他们今天是否快乐吗？关心过他们心里在想些什么吗？作为教师，如果我们都能像案例中的老师一样去关注学生的情绪，我们的教育一定能够触及到学生的心灵，学生的心灵也一定能变成茵茵的绿洲。

4 在学生中树立威信

前苏联教育家赞可夫曾说："假如没有威信，师生之间不可能有正确的相互关系，也就是少了有效地进行教学和教育工作的必要条件。"威信，

可理解为教师在学生心目中的威望和信誉。威信与威严不同,威严往往是靠训斥、惩罚树立起来的;威信是靠言行传达的,是一种潜移默化却深入人心的喜欢、敬爱或崇拜。我们经常可以看到,同一种要求由有威信的教师提出,学生就容易接受;相反,由威信不高的教师提出,学生就不易接受。如何确立威信?无德则无威,无才则无威,无爱则无威,无信则无威,无严则无威,无为则无威。教师威信的树立,始于一点一滴的小事,始于一言一行、一举一动。

案 例

当教师三十年了,从小学一年级教到了高中,其间有成功的喜悦,有失败的悲伤,更有拼搏奋进的豪情,我是在不断的苦练中一步步提高的。要想在学生中树立威信,我认为,一定要在教学上下大功夫,在提高业务素质上下大功夫,因为这是我们教师的立身之本。

平时,我要求自己备课时尽量多地占有材料,广采博览,引进新鲜知识,恰当处理教材,组织教学。课堂上,我要求自己语言准确优美,板书严谨规范,充分发挥语文课的文学功能和美学功能,使学生不仅学到知识,而且得到文学的熏陶和心灵的启迪。

中央台新闻联播节目中的天气预报很精彩,极富文学性,充满人文关怀,我就把天气预报引进课堂,和学生一起欣赏:"听众朋友好,下面报告天气,今天我国大部分地区是阴雨天气,最北端的哈尔滨、长春和最南端的海口、南宁都是风也萧萧,雨也萧萧,气候凉爽宜人,华北地区的北京、石家庄、济南等城市也无风雨也无晴,人们可以免受紫外线的照射,杭州以38度高温拔得头筹,听众朋友要注意防暑降温。"短短一则天气预报,引用了名句,使用了修辞格,使学生充分感受到了语言的魅力。

常言道,教师是学生的样子,学生是教师的镜子。在课下,教师的言行,往往潜移默化地影响着学生。所以,教师尤其要自律,随时随地严格要求自己,身教言教相结合,做学生的表率,这样才能在学生中真正树立起自己的威信。

思考

古人云:"有威则可畏,有信则乐从,凡欲服从者,必兼备威信。"说的是有威信的老师,学生会心悦诚服地接受他的教育和劝导,做工作常常事半功倍;没有威信的老师,学生对他的劝导会置若罔闻,甚至产生不满和对立情绪,往往事倍而功半。

那么,究竟如何在学生当中树立威信呢?

第一,从教师自身角度出发。

常言道:"学高为师,身正为范。"一语道破了一名合格的教师应该具备的素质和品质。

"学高"指的是,作为一名教师应该拥有深厚的专业知识和过硬的专业功底,以及丰富的实际经验。因为,几乎所有的学生毫不例外地喜欢和敬佩有能力的、有本事的老师,无不被老师渊博的知识与深入浅出的教艺所折服。所以老师必须要有丰富的学识和精湛的教艺。

"身正"则是说,教师应以身作则,严于律己,才能给学生一种可敬可信的感觉。工作上,勤奋刻苦,严谨治学,认真负责;生活上,仪态大方,谈吐文雅,平易近人。只有这样,才能为学生树立学习的榜样。

第二,要从学生的角度出发。

首先,平等对待每个学生。这里不仅指学习上,对每一个学生实施相同程度的督促和管理;还指教学过程中,实事求是地处理学生的错误,不能因为个人原因或是学生程度好坏而采取差别过大的措施。

其次,要树立威信,教师就要设身处地为学生着想,站在学生的角度来思考问题,倾听每一个学生的心声,也许一百个学生有一百种不同的智商,但一百个学生绝对有一种共同的、健全的、需要被关注的心态。因此,教师要乐学生之乐,忧学生之忧,用一颗真诚的心去感化学生。

当然,除了这些,还有很多树立威信的方法,而这就需要教师在教学中慢慢摸索和积累了。

5 平等对待每位学生

苏霍姆林斯基曾经说过:"很难想象还有什么比由于不公正而产生的情感上的麻木更能摧残儿童心灵的了。"老师们应该把师爱平分给班里的每一位学生,这是教师从教的道德责任和道德义务,也是教师为人师表、以身作则的重要内容。

教师的公正、无私能使学生在与教师的交往中体验到尊重,从而成为他们成长的健康心理的基础,有利于影响和激励学生对真、善、美的追求,培养优秀品质;有利于得到学生的信赖和尊敬;有利于调动学生学习的积极性、主动性。反之,教师的偏私与不公,必然使学生失去公平感,造成感情的压抑和心理的不平衡,挫伤学生学习与要求上进的积极性,从而影响学生对教师的信任、对学校的信任,甚至对社会的信任,不利于学生身心健康和优秀品质的培养。

案 例

在我眼里,所有的学生是一样的,不对优生偏爱,不对差生存在偏见。其实,你只要从多元角度出发,你会觉得每一个学生都是优秀的。我班上有一名女生,成绩一塌糊涂,几乎没有一门功课及格过。她几乎什么都听不懂,却一天早上 7:15 到下午 4:15,老老实实坐在教室,不搞乱,不影响别人。将心比心,我无论如何也做不到这样。毅力那样坚定的学生难道不足以让我们对她刮目相看吗?但在以往所有的老师眼里她是个十足的"差生"。

开学第二周,就迎来了教师节,她送了我一张她亲手制作的心形卡片,我感动得不得了,这是学生渴望与老师建立良好关系以及希望老师能

看到她而发出的信号啊!我从来都不习惯于向其他教师了解所谓的优生、差生,都是自己从第一眼看到学生开始认识学生,同时使所有的学生感到在老师眼里只有同学,大家平起平坐。你是一个优秀的学生相信在今后会更加优秀,你以前不突出,哪怕很不好,我不知道,也不想知道;我现在认识大家,现在开始的你才是我认识的你。

结合这个女生细心细致的优点,我让这位女孩担任班级的劳动委员,于是关窗、关灯,她每天都最后一个离开教室。她的任劳任怨,也让她得到了很多同学赞赏的目光和友谊,大家都觉得她是个值得信赖的人。

公平公正,在某些地方很难做到,但我们老师对待学生公平绝对没问题,只要你心中有学生。

思考

将心比心,我们每个人都希望得到别人的关心爱护和肯定,老师也一样,更何况是学生。老师对学生要雨露均沾,一视同仁,继承儒家"有教无类"的泛爱精神,发扬佛家"普度众生"的博爱精神,如春风化雨,教师的爱应该滋润每一位同学的心田。对学生的爱是无私的爱、平等的爱,而不是偏爱。老师应在爱护学生的前提下,分清不同学生存在的问题,有针对性地展开工作,爱在当爱处。只有真诚地去关心、爱护、帮助学生,才能赢得学生的爱戴和依赖,才能为教学工作赢得主动性。

6 擅用宽容的力量

俗话说:"严是爱,松是害。"这是无可非议的。但教师对学生适当宽容是十分必要的。学生之为学生,就是因为他们蒙昧无知,有缺点,不懂事,甚至会犯错误。做老师的,年岁长于学生,知识多于学生,涵养胜于

学生，对学生的缺点为什么不可以宽容一些呢？

在教学中，多一块宽容的土壤，就会多一片思想的植被，多一束理性的阳光，多一缕自由的空气。作为老师我们要给孩子多一些尊重和宽容，善待学生的"墨点"并加以正确的引导，把他们的潜力挖掘出来，我们会得到"退一步海阔天空"的喜悦。

当然，老师对学生的宽容，绝不是对学生所犯的错误进行袒护与放纵，而是把尊重、信任、理解留给学生，让学生的自尊心从自卑、恐惧中摆脱出来，消除顾虑，恢复师生之间的正常交流。当学生体会到"老师原谅我了"后，就会释放心中的压力，将之转化为动力，由消极被动地学习转为积极主动地学习，成为学习的主人。

案 例

接这个班才一个多月，班内就发生了一件不愉快的事。那是在收防疫费的第二天早晨，我刚跨进校门，张圆圆和她的父亲就迎了上来，从她父亲嘴里得知，他女儿把我找给的80元钱放在书包里，放学时找不到了，麻烦我帮忙查查。我答应了并叮嘱他们不要张扬。

根据张圆圆提供的线索，我初步断定她的同桌和前面座位上的方某比较可疑，我分别找这两位同学了解情况，除了解到张圆圆确实把钱给他们看过，其他就什么也不知道了。正当我无计可施时，有同学告诉我，方某今天带悠悠球到学校来。我问他为何把悠悠球带来，他说玩了忘放在家里了，我又问他悠悠球是从哪里来的，他告诉我昨天从佳佳礼品店花5元钱摸奖摸来的，我问他摸奖的钱是哪来的，他说是用交防疫费找回后的钱摸的，然后把剩下的25元钱交给了妈妈。我说球暂时由我代为保管，他点头表示同意。送走他后，我去了趟礼品店，在与店主的交谈中，我了解到方某同学在撒谎。为了不冤枉他，我又拨通了他妈妈的手机，详细询问了她给了方某多少钱，回家方某又给了她多少钱，通过交谈我知道了方某不仅在骗我，而且还在骗他的家人。

种种迹象表明，方某拿张圆圆的钱是最可疑的。于是，我再次找到他，问他的悠悠球到底花多少钱买的，大概他意识到我已有所知，一会儿

说十几元，一会儿说20元，就是不肯说出真相。面对这样一位犯了错误而又不承认的学生，我非常气愤，但我还是静下心来，苦心地给他讲了拾金不昧、廉者不受嗟来之食、知错能改的道理。终于，忐忑不安的他低下了头，许久才抬起头来，满含期待地望着我说："我说出实情后，您能为我保守这个秘密吗？"我郑重地点了点头。

接下来的事情就好办多了，我把事情的来龙去脉告诉了他家长，并一再叮嘱家长要正确看待孩子的犯错。第二天，我又把张圆圆叫来，告诉她她丢失的钱已找到，是前天中午有同学在其桌下捡到80元钱，一时未还，现在交给老师替他归还。

事后想想这件事情的始末，心里久久不能平静。试想，如果我当时处理不当的话，也许今天方某就不会呆在教室里了。是呀，大多数学生都会犯错，但常是一时糊涂，没有必要小题大做。如果我们换一种眼光看学生，实施宽容和信任，会有利于学生的改过。

思 考

十指有长短，满塘荷花有高低，有些学生因为年幼、阅历浅、自律性较差，往往还是会犯错误。作为一名班主任，当你发现自己的学生犯了错误时，除了采取耐心地教育外，不妨宽容一下学生。适当宽容学生，也是给他们一个机会。因为宽容并非是对错误的否认而是对学生的理解、信任和期望，唤起犯错人的自觉，这样教师就能给学生撑起一片自省的天空，从而调动起他们自身的力量去战胜错误，顺利达到教育学生的目的。

7 把赞美还给学生

每个人都希望自己得到他人的赏识。在学生的心目中，老师的一句赞美

胜过一千句批评。而老师要赞美学生，说起来容易，做起来却难。很多老师在"恨铁不成钢"的情绪影响下，对学生往往多了一份挑剔，少了一份赞美；多了一份苛刻，少了一份呵护。就像医生对患者一样"诊断"孩子身上的不足、过失、缺点和毛病，于是有了冷眼、批评、讽刺，甚至体罚。

陶行知先生曾说过："你的教鞭下有瓦特，你的冷眼中有牛顿，你的讥笑中有爱迪生。"作为老师，我们是否这样做过呢？生活中并不缺少美，缺少的是对美发现。每个学生身上都蕴藏着巨大的、不可估量的潜力。我们教师应该成为挖掘学生潜力的第一人。心理学研究证明：人在受到赞美的时候工作或学习，效果最好。当大家都坚信一个人"行"的时候，他就真的能行，哪怕他原本是不行的。特别是后进生更需要我们教师的赞美、鼓励。他们渴望老师发现自己身上的闪光点，为自己加油呐喊，哪怕摔倒，只要看到老师赞赏的目光，他们会一次次地站起来。

在学生的人生道路上，为了他们的进步，让我们用真诚、爱心对学生多几份赞美，少一些批评、指责吧。相信每个学生都具备成功的潜能，都有成功的可能、成功的希望。只有学会赞美学生，才能走进学生的心灵，才能培养出绚丽的花朵。

案例

于永正，我国著名的语文特级教师。他善于运用饱含真情的赞美，营造出和谐的学习氛围，激发学生的学习兴趣，调动学生思维的积极性。毫不吝啬地对学生赞美，使他得到了学生的爱戴、社会以及同行的赞誉，赢得了"中国的苏霍姆林斯基"的美誉。

于永正老师有一双极敏锐的眼睛，在课堂上，学生点滴的亮点都会被他发现，并大加赞赏。他始终能微笑着面对学生，始终用赞赏的话语和学生交流。在他的课堂上，我们能不时听到："好的，你写得真棒！""不错，说得真好！""你心理活动的描写不亚于托尔斯泰！"、"你的这篇文章写得太好了，几乎用不着修改！""你朗读得很生动！"……

于永正老师用自己的行动验证了德国教育家第斯多惠的那句话："教学艺术的本质不在于传授本领，而是激励、唤醒与鼓舞。"

思考

于老师对学生的赞美有一种内隐的"魔力",能够牢牢抓住学生的闪光点,并辅以真诚,使得他的赞美就像雨露,滋润着学生稚嫩的心灵,形成一种积极向学的和谐氛围。由此我们不难看出,教师对学生的赞美应该注意以下几点:

第一,真诚是前提。于老师与学生的交往是真诚的,是发自内心的。俗话说,感人心者,莫先乎情。陶行知先生也说过:"真教育是心心相印的活动,唯独从心里发出来的,才能打动心的深处。"教师必须用自己真实的情感去激励学生的情感,用美好的心灵去唤醒学生的心灵,用真挚的热情去感染学生的热情。所以赞美学生,应该是一种由衷的真情流露。

第二,尊重是真谛。教师要尊重学生的失误和错误,引导学生正视不足,逐步走向完善。古人云:"教也者,长善而救其失才也。"学生作为发展中的人,不完善是极其正常的,期望学生十全十美是不正常的。所以,教师要正视学生的差异,这就要求教师要尊重学生,必须在尊重的基础上施以赞美。

第三,慷慨是灵魂。从心理学的角度讲,学生被赏识的心理得到满足,就会产生一种向上的动力,会全面审视自己,意识到自己的不足。同时,也较能接受别人的意见并逐渐完善自己。

苏霍姆林斯基说:"教师无意间的一句话,可以造就一个天才,也可以毁灭一个天才。"从于老师对学生毫不吝啬的、慷慨的赞美中,不难发现学生迸发的学习热情以及智慧的火焰,从中也不难感受到这位特级教师的"艺术人生"。

8 要多一点儿耐心

前苏联著名作家高尔基说:"凡事皆有终结,因此,耐心是赢得成功的一种手段。"耐心是教师的基本素养之一,有耐心的教师才会获得学生

的爱戴,有耐心的教师才会走进学生的心里。

每个班级都有一些学习态度端正、接受新知识较慢的学生。在辅导这类学生时,教师应该做到心平气和、不可着急。这类学生心里很想学习,在反复学不会以后,自己心里已经非常着急,这时教师要做的,就是让他放松,而要真正做到让学生放松,那教师自己首先不能着急,这就是要有耐心,否则,学生心里更乱,欲速则不达。

耐心等待,给学生足够的时间;耐心指导,给学生搭梯建桥。对学生有耐心,首先要对他们有信心,更要有责任心,这样才能做好教育教学工作。

案 例

班里有一个学生很聪明,就是英语没有突破过50分大关!原因是他的基础太差,对英语学习失去了信心。针对这种情况,我一方面找他谈心,让他认识到学好英语的重要性,鼓励他树立信心;另一方面,在课堂上,经常提问他一些较简单的问题,让他品尝到成功的喜悦;在他取得进步以后,再帮助他制定下一个奋斗的目标,使他一个台阶一个台阶地向前迈进。为了提高他的口语表达能力,每天中午12:30,我都请他到办公室去朗读一篇300词左右的文章,刚开始的几天,坚持得很好,有几天因为我有事,他又松懈下来。再让他到办公室朗读,他总是以各种理由推托,课上也不再那么爱发言。我开始反思,为什么会这样呢?是不是老师没有坚持的原因?后来,每天中午我都准时在办公室等着他来朗读,偶尔有事必须离开,也会通知他一下,并跟他约时间把朗读补回来。坚持不懈的努力,使他逐步养成了比较良好的学习习惯,课堂上也又活跃起来。期末考试,他的英语成绩进步了16分呢!

思 考

教师日常工作之一就是要对有关学生进行个别辅导。这些学生中,有的或许是尚未入门;有的或许是没把学习放在心上;有的或许是家庭环境等因素造成;有的或许是对所学的内容没有兴趣;有的或许已养成拖拉作业的不良习惯

……由于教育对象的个体差异，导致学生发展的不平衡，这就要求我们教师在对学生进行个别辅导时，必须做到诲人不倦，必须要有足够的耐心。

俗话说得好："只要功夫深，铁杵磨成针。"这正是耐心的一种深刻的体现。教师担当的是教书育人的重任，既然是重任，当然不可能轻松完成。所以，当自己面对后进生的顽固不化就要火从口出、恨从手泻时，要提醒自己，再耐心一点。

9 学会换位思考

"己所不欲，勿施于人"，站在学生角度，将心比心。用"学生的心灵"去感受，用"学生的大脑"去思考，用"学生的眼光"去看待，用"学生的情感"去体验，用"学生的兴趣"去爱好。当学生犯错误本该受到责罚时，我们如果以"假如我是学生"的情感去体会孩子的内心世界，以童心去理解他们的"荒唐"，宽容他们的"过失"，有礼貌地对待他们，让他们时时体验到一种高于母爱、超越友情的师生情，这就可能成为学生改正错误的内在驱动力。教师要养成换位思考的良好习惯，时时转换自己的角色，站在家长和学生的角度去换位思考。

只有换位思考，才能对事情的前因后果、来龙去脉及性质趋向有更全面、更客观的把握，从而保证自己作出客观、科学的判断和选择。懂得换位思考的人是心胸宽广、聪明睿智的人，懂得换位思考的教师会在许多事情的处理上比别人棋先一招、技高一等。

案例

有一位做母亲的很喜欢带着五岁的女儿逛商店，可是女儿却总是不愿意去，母亲觉得很奇怪，商店里琳琅满目、五颜六色的东西那么多，小孩子为什么不喜欢呢？直到有一次，孩子的鞋带松开了，母亲蹲下身子为孩

子系鞋带，突然发现了一种从未见过的可怕的景象：眼前晃动着的全是腿和胳膊。于是，她抱起孩子，快步走出商店。从此，即使是必须带孩子去商店的时候，她也是把孩子扛在肩上。

真是一位细心的母亲。

"蹲下来看看孩子的世界"，与学生换位，反思我们的教育，真的有点可怕。老师常抱怨学生不能很好地完成自己布置的家庭作业，如果换一个位置，让老师来完成学生的作业，会有何感受呢？也许，很多老师再也不会布置铺天盖地的作业了，再也不会批评学生作业质量不佳了。

老师常不理解自己在上面苦口婆心，口干舌燥，为什么台下是昏昏欲睡，启而不发？如果换一个位置，让老师坐在台下听着这样一堂堂长时间的"政治课"、"说教课"，会有何感受呢？也许很多老师都会从提高自己的教学艺术入手，牢牢把学生吸引到自己的课堂中吧！

思 考

苏霍姆林斯基讲过这样一个故事：他小时候住在一间杂货铺附近，每天都能看到大人把某种东西交给杂货店老板，然后换回自己需要的物品。有一天，他想出一个坏主意，将一把石子递给老板"换"糖，杂货店老板迟疑片刻后收下了石子，然后把糖换给了他。苏霍姆林斯基说："这个老人的善良和对儿童的理解影响了我终身。"这位杂货店老板不是教育家，但他拥有教育者的智慧：他没有用成人的逻辑去分析孩子的行为，而是从孩子的角度，用宽容维护了一个儿童的尊严。

在教育教学中，教师要处在学生的位置思考问题，体验他们的感受，这就是"换位"。这样做可以帮助教师找到教育教学的障碍，从而对症下药，解决问题。假如，我们作为老师能够更多的站在学生的角度思考问题，老师和学生的关系一定是和谐融洽的。换位思考是沟通师生内心世界的一座桥梁；换位思考需要教师对学生付出满腔的热爱，教师的理解和宽容，会使教育更有成效；换位思考可以更好地理解学生，善待学生，善待教学。所以，请老师们养成换位思考的良好习惯吧！

10　控制自己的不良情绪

现代社会，人们的生活压力越来越大，常常处于情绪不佳的状态，教师也不例外。经研究，消极情绪对我们的健康十分有害，不少人因此患上了这样那样的身心疾病。因此，我们常常需要与那些消极的情绪作斗争。而由于教师职业的特殊性，控制好自己的情绪就显得尤为重要。

罗伯·怀特说过："任何时候，一个人都不应该做自己情绪的奴隶，不应该使一切行动都受制于自己的情绪，而应该反过来控制情绪。无论境况多么糟糕，你应该努力去支配你的环境，把自己从黑暗中拯救出来。"

有一则著名的关于情绪的小故事：一头熊在与同伴的搏斗中受了重伤，它来到一位守林人的小木屋外乞求得到援助。守林人看它可怜，便决定收留它。晚上，守林人耐心地、小心翼翼地为熊擦去血迹、包扎好伤口并准备了丰盛的晚餐供熊享用，这一切令熊无比感动。临睡时，由于只有一张床，守林人便邀请熊与他共眠。就在熊进入被窝时，它身上那难闻的气味钻进了守林人的鼻孔。"天哪！我从来没闻过这么难闻的味道，你简直是天底下第一大臭虫！"熊没有任何语言，当然也无法入眠，勉强地挨到天亮后向守林人致谢上路。多年后一次偶然相遇时，守林人问熊："你那次伤得好重，现在伤口愈合了吗？"熊回答道："皮肉上的伤痛我已经忘记，心灵上的伤口却永远难以痊愈！"

所谓"恶语伤人六月寒"，作为教师，更要警惕，不要让教师职业的特殊性造就出暴君，以至于伤害了那些幼小的心灵。无论采取什么样的方法，教师只有从观念上根本改变自己的意识，把学生视为与自己平等的个体，创造出宽松的育人环境，搭建起师生之间的桥梁，才能让孩子们感到幸福而不是痛苦，让孩子们感到快乐而不是伤心，让孩子们感到满足而不是失望。

案例

2001年9月28日。

给10班、11班上完课，觉得有点累，但我还得抖擞精神上12班的课。上课铃声响起，还有四个同学没有来。"他们为什么迟到了？"我心里琢磨着。课讲到五六分钟左右的时候，四个同学鱼贯而入，没打报告，而且每人手中拿一听可乐，有个同学进了教室还边走边喝了一口。简直是"小痞子"！我怒火中烧，对他们大喝："你们四个站住，为什么迟到？连个报告也不知道打？""老师我们上体育课。""什么逻辑，上体育课就迟到，为什么大家都按时上课，就你们迟到了？进来不打报告，进教室还喝可乐，就这态度还上什么课？"

考虑到还要上课，就让他们回到位子上，记得以前我给大家立了规矩：迟到的同学必须回答出上节课的问题，可以复习课本，直到答对就坐下。我看他们四个不能给我坏了规矩，就叫其中一个出来回答问题。男孩子站出来。双手摸着口袋，一脸不屑的样子，高傲地说了三个字："我不会。"看到他那副样子，我火上加火，真恨不得揍他两下。"从书上找答案，答出来就坐下。""我就是不会！"他丝毫不想让步。看到他那副德行，我终于忍不住了："你们都不想学了是吧！不想学拉倒！"我"啪"地甩了书："好，你们厉害，我不讲了，你们自己看吧！"

我怀着满腔怒火，学生上了一节自习课……

（一年后）2002年9月21日。

上课前两分钟的预备铃响了，我调整了一下情绪，微笑着走进了教室。我亲切地对视着全体同学，发现有一个同学的脑袋放在桌洞下面，"同学们，请准备一下政治课本，准备上课。"脑袋仍然在桌子底下，我走了过去，嘿，原来他在吃雪糕。我轻轻地说："今天有点热，你的雪糕只吃了一半，如果我这里有冰箱，我一定给你保存好到下课再吃，但是上课可是不能吃的呦！""嘿，老师不好意思，我马上扔掉。"说完狠狠吃了一口，起身扔进了垃圾桶。

上课大约两分钟，A进来了，他把两只手放在头上作了个兔子状的动

作算是对我打招呼,然后进了班里。他的位子在后面,他居然从前面扭着屁股往后面走,(他是班里出了名的调皮鬼,成绩极差但很有表演天赋,尤其喜欢唱歌,自称"mp3")我又气又笑,"A,你今天迟到了,看你回来的样子,是想给大家表演节目。好,你给大家唱首歌吧"他高兴得不得了,给大家唱了一首刘德华的《冰雨》,大家掌声一片。"唱得简直就是原版,我们都很喜欢,不过,如果你其他方面也像唱歌一样优秀,大家就更喜欢你了。来,我们为 A 变得让我们更喜欢鼓掌!"在大家的掌声中我发现了 A 表情逐渐变化,看到他目光中闪烁的复杂感情。我想课后我得找他谈心。

思考

以上两篇案例来自一位教学一年多的老师的教学日记,代表了她上课的诸多变化。刚开始工作时,经常控制不住自己的情绪,在班上大动肝火,课不能按计划进行,师生关系处理得不协调,常常下课了还余怒未消,工作和生活都受到了影响。后来经过理论和实践的探索,在课堂上她逐渐控制住了自己的情绪,并能更好地处理课堂教学,感到工作进入了一个新的天地。教师在课堂上一定要控制好自己的情绪,这是作为一个新教师在一年多的工作中最主要的收获。

我们做事都有这样的经验,一件事情你重视他和不重视他投入的时间和精力肯定是不一样的,取得的效果也不一样。所以,作为一个老师,我们要控制自己的情绪首先得重视控制自己情绪的重要性,了解控制情绪对于教学,对于学生的发展,对于老师的发展都是重要的,而且是一个关系到教师职业道德的重要问题。研究表明,一个人的成功,智商占 20%,情商占 80%。我们作为一名教师需具备较强的情商能力,用这种能力感染学生、影响学生,在与学生的互动过程中,促进和学生的沟通,缩短和学生的距离,从而促进学生的成长。

11 经常跟学生谈心

所谓谈心，就是推心置腹的谈话。要使"谈话"上升到"谈心"，教师必须争取得到学生的信任和尊重，而想要得到学生的信任和尊重，教师就必须尊重和信任自己的学生。

我们有的教师平时老是板着脸说教，学生稍有差错，就大声呵斥、批评，这样就很容易造成学生对教师的反感和对立心理，学生一旦有了这种心理，不但不愿听教师的，甚至会用各种方法与手段跟老师作对。这样，教师的教育效果就不可能好。前苏联教育家马卡连柯曾说："要尽量多地要求一个人，就要尽量多地尊重一个人。"因此，教师如果能够平等地对待学生，尊重和信任学生，在学生面前尽量倾注自己的爱心（当然，这种爱心不是随心所欲的娇惯、是非不分的放纵），这样，就可能很快发现你与学生会经常有心灵的沟通、感情的互动。这样，即使你提出尽量多的要求，学生也会乐于接受，并能够较自觉地遵守各项纪律。正如马卡连柯指出的："同样的教育方法，因为语言不同，就可能相差二十倍。"

案例

我刚接手高二（7）班不到一周，班级发生了一件事：班长告诉我，学生李××拒绝交暑假补习费。课间当我找他了解情况时，他很冲地对我说："我为什么要交暑假补习费？"我知道他来自乡下，家庭条件似乎不太好，班干部反映他脾气比较"怪"，便意识到他一定有什么难言之隐，就轻声地对他说："是吗？现在快上课了，放学后老师来找你谈谈好吗？"没想到放学后他主动来找我，说的第一句话是"老师，对不起，我态度不好，我以为你一定会……""老师也不太了解你的情况，你能

告诉我为什么不交补习费吗？如果你相信老师的话。"没想到这一问，他的眼眶就红了，那天傍晚，我听他谈了一个多小时，最后他舒了一口气："老师，这么多年来我第一次把家里的不幸说出来，觉得轻松了好多。""老师真的很感谢你的信任，今后你有什么难处需要帮助，老师一定会尽力帮你的。"

此后的两年里，类似的谈话我们又进行了无数次，有深夜的电话，有假日的长聊，这些谈话，多次帮他打消了弃学的念头，和解了他和科任老师产生的矛盾，解决了他学习和生活中遇到的一次次困难，使他能够比较顺利通过高考，继续升学。

今年的教师节，我收到了这个孩子寄来的一封长信："感谢您两年来对我的关心、鼓励和帮助，您的信任是我在黑暗与挫折中奋力前行的重要因素……我至今仍感谢老师每次都能在我迷茫的时候帮我找到方向……"我想能帮他找到方向，应该是我们一次次谈心的结果。

思 考

由上面的案例来看，和学生推心置腹的谈心可以起到潜移默化的良好效果。不过，教师和学生谈心，还要遵循一定的方法和原则。

第一，应有一个成功的邀约。

与个别同学的谈话邀约，应该是要悄悄进行、低调处理的。老师可以在作业本中提出真诚的邀请，可以写一张小纸条找个机会交给这位同学，可以在路上碰到了跟学生预约一下，可以在课后的时间以电话的形式邀约。

我们想象一下，如果老师突然走进教室，站在讲台上，当着全班同学的面对某个同学说："×××同学，请你出来一下，我有话跟你说……"被叫的学生肯定是忐忑不安，以为做错了什么，暴风雨即将到来，心理压力很大。而周围的同学，有怀疑的、有幸灾乐祸的……这样的谈话邀约，一开始就注定了谈话必将失败。

所以，一个成功的邀约，对于后面谈心的顺利进行，是很重要的。它可以在一开始就消除学生的紧张感，使之能敞开心扉，把心里话告诉老师，从而让老师能更顺利地做好学生的思想工作。

第二，应该有一个合适的谈心地点。

在人来人往的办公室里，一个老师的对面坐着一个学生。老师正在慷慨激昂地发表言论，同学头低低的，看不出脸上的表情是怎么样的。这时候走来一个老师，对谈心的老师说："你又在给你们班的孩子上政治课啦？"再一会儿一个老师走过来，对着学生说，"×××，你今天又犯什么错误啦？"这哪里是谈心啊？对于学生来说，尤其是内向型的学生来说，简直就是一次煎熬。不用说，这样的谈心也注定是失败的。谈话会以学生心里暗想"终于讲完了"而告终。当然，应该注意一下的是，谈话的地点不能是因老师的兴趣而定。而是应该因谈话学生的性格特点、谈话内容、学生性别而定。

第三，选择正确的谈话时间，把握好谈话时长。

教室里，某同学极不情愿地离开了座位去找老师，因为，老师跟他约好的时间到了。可是，他还有很多作业没有完成。老师宿舍里，老师正春风化雨般地诉说。学生目光飘移，坐立不安，不时看着手表，心里暗暗叫苦：老师，饶了我吧，我今天作业要是再没完成的话，我就死定了。

谈话要在什么时间，应该先征求学生的意见，而不是老师单方面的预约。选择在合适的时间，解决好后顾之忧，学生才能安心跟老师畅谈。谈话的时长，也应该把握好，不可太长，一般尽量控制在半个小时到一个小时。没有学生喜欢婆婆妈妈、谈话又长又臭的老师。所以，我们老师也不要妄想一次的谈话能解决所有的问题。对于很多学生，谈话是需要多次的。

除了前面谈到的三个方面，与学生的谈话还应该注意以下问题：

1. 老师的坐姿。如果是坐下来谈话的话，那么，师生之间最好是成45度角。这样，可以避免直视时产生的尴尬和紧张。侧身注意对方的目光与正面注意对方的目光，产生的感觉是不一样的。还有，切忌谈话的一方站着，一方坐着。

2. 老师的语气应该舒缓、柔和，而不是咄咄逼人。谈心是一个互动的过程，而不是单方面的说教。应该以心换心，多站在学生的角度考虑问题。要让学生有安全感，觉得老师可以信任，要认真倾听，不要打断学生的讲话，哪怕他的话是错误的，也要让他讲完。

3. 与学生的交流渠道应与时俱进、多样化。不是说一定要面对面地坐着讲话，那才叫做谈心。谈心的形式，可以是面谈、书信、网聊、短信等。

此外，与学生的谈心应该是一项常规的工作，而不是救火队员式的。等发现问题了，才要找学生来谈话就已经太迟了。对于没有担任学校其他行政事务的老师来说，应该做到定时跟每个学生谈话。当然，可以因人而异。有的学生，只要在路上碰到，三两句话寒暄就可以解决。而有的学生，则是需要多次的、长期的交流。日常事务繁忙的老师，要挤出时间来跟每个学生谈话，是比较困难的，所以，就应抓一些边边角角的时间了。比如，可以约学生在食堂边吃饭边谈，可以在课余活动时间谈，可以在上学、放学的路上谈等。

12　掌握批评的艺术

如果说表扬是抚慰灵魂的阳光，那么批评就是照耀灵魂的镜子，能让人更加真实地认识自己。恰当的表扬如春风拂面令人信心百倍，而朋友提醒式的批评则如和风细雨般荡涤心灵。

我们知道提醒式的批评比较让学生接受，而尖刻的数落、粗暴的训斥和恶意的挖苦，很可能会导致学生对老师产生恐惧、反感、憎恨，以致成绩下降或酿成意想不到的后果。

当然，教师在面对有缺点的学生时，往往会恨铁不成钢，虽是好心，但应讲究方法，不能一味的苛责，应该带着善意、带着激励。要知道，批评是柄双刃剑，它能鞭策学生，也能刺伤学生。所以老师在用的时候不能随意，要让学生感觉到批评也是一种爱的表达方式。"严在当严处，爱在细微中。"老师只有把学生当成自己的朋友，才能走进学生的心灵。在批评时，力求点到为止，留有余地，给学生一个自我批评、自我教育的机会。

案例

陶行知先生当校长的时候，有一天看到一位男生用砖头砸同学，便将其制止并叫他到校长办公室去。当陶校长回到办公室时，男孩已经等在那里了。

陶行知掏出一颗糖给这位同学："这是奖励你的，因为你比我先到办公室。"接着他又掏出一颗糖，说："这也是给你的，我不让你打同学，你立即住手了，说明你尊重我。"

男孩将信将疑地接过第二颗糖，陶先生又说道："据我了解，你打同学是因为他欺负女生，说明你很有正义感，我再奖励你一颗糖。"

这时，男孩感动得哭了，说："校长，我错了，同学再不对，我也不能采取这种方式。"陶先生于是又掏出一颗糖："你已认错了，我再奖励你一块。我的糖发完了，我们的谈话也结束了。"

思考

陶行知先生对同学的批评是一种无声的教育，那么在运用批评手段来激励学生时，应该注意哪些事项呢？

1. 教师的批评，应让学生从心底里接受。他们需要的是"可口"的良药。

2. 关爱不等于溺爱，批评不等于斥骂。事实上，批评也是一种爱的表达方式。

3. 批评一定要遵循一个重要或是说根本的原则：对事不对人。不能因为学生在某种事上做错了，就一棍子打倒，将整个人都否定了。要想让你的批评成为点石成金的"魔戒"，要想让学生因你而从执迷不悟中豁然开朗，那么，你的批评中必须蕴含着爱、蕴含着真正的人文关怀！

另外，作为教师，千万不要说些伤害学生的话。如：

冷酷绝情类。"我怎么碰到你这样的学生！""我白教你了！"这样的训斥会使学生感到自卑、无助和无能。

人身攻击类。"你有毛病啊！""你脸皮真厚！"这种随口冒出的攻击性

语言毫无训诫作用，只会招致学生的反感。

讽刺挖苦类。"你怎么这么笨？""你没长脑子啊！"学生非常在乎老师对他的评价。给他当头一棒，他就会一蹶不振；给他褒扬鼓舞，他就会再接再厉。

霸道强权类。"谁敢不听我的，我就……""我说的都是对的！"应在平等、自由的氛围中，以商量的口吻，对学生晓之以理。说"你觉得该怎么做"远比说"你必须这样做"更有意义。

漠不关心类。"哦，我知道了，别说了，去吧！""这件事我会处理的，不用你管！"给教师谏言献策是学生的优点，一句轻描淡写的"知道了"无疑会刺伤他们的积极性。学生作为班级成员，有权参与班级事务，发表自身看法。教师无视这种需求，会扼杀他们的积极性和参与精神。请保持十足的耐心，让学生尽情地倾诉吧。

威胁恫吓类。"下次再这样，我就不客气了！""明天叫你家长来，家长不来，你就别上课了！"胁迫和恐吓可能会使脆弱的学生更脆弱，怯懦的学生更怯懦；当然，也使倔强的学生更倔强，固执的学生更固执。

总之，为了学生的成长请我们的老师慎用谈话方式，如此，学生也才会尊重我们！

13　对学生抱有积极的期待

古希腊有一个著名的神话故事：一位年轻的王子名叫皮格马利翁，他很喜欢雕塑。有一天，他得到了一块洁白的象牙，雕刻了一位美丽的少女。这个雕像非常美，以至王子爱上了"她"，每天和雕像说话，茶不思，饭不想，热切地希望"她"变成真人。后来王子的诚心感动了天神，天神使这个雕像真的变成了一个少女，和王子生活在一起。

心理学上用这个故事命名了一个心理规律：热切的期望有可能使被期

望的人达到期望者的要求。这叫做"皮格马利翁效应"。

皮格马利翁效应在教育领域经常可以见到。心理学家做过一个实验，在一所小学里对一至六年级的18个班的学生进行一次"发展测验"。测验结束后，他们发给每个班级的教师一份学生名单，说名单上列出的全班20%的学生是最有优异发展可能的学生。

八个月以后，心理学家们又来到这所学校进行追踪检测，结果发现名单上的20%的学生的学业成绩都有明显进步，而且他们情感健康，好奇心强，与教师和同学的关系也比较融洽。教师们说，心理学家的测验可真准，有很多学生是他们原先没想到的。可是心理学家却告诉教师，名单上的学生只是他们随机抽取出来的。

这个实验证明了什么呢？那就是人们的期望可以对别人产生巨大的力量。在生活中要想使一个人发展得更好，就应该给他传递积极的期望，这样会促使人们向好的方向发展；相反，消极的期望却可能使一个人变得越来越坏。但是老师也要注意不要给孩子过高的心理期待，以免造成不必要的心理压力。

案例

"我一看你修长的小拇指就知道，将来你一定会是纽约州的州长"一句普通的话，改变了一个学生的人生。此话出自美国纽约大沙头诺必塔小学校长皮尔·保罗之口，话语中的"你"是指当时一名调皮捣蛋的学生罗杰·罗尔斯。

小罗尔斯出生于美国纽约声名狼藉的大沙头贫民窟，这里环境肮脏、充满暴力，是偷渡者和流浪汉的聚集地。因此，他从小就受到了不良影响，读小学时经常逃学、打架、偷窃。一天，当他又从窗台上跳下，伸着小手走向讲台时，校长皮尔·保罗将他逮个正着。出乎意料的是，校长不但没有批评他，反而诚恳地说了上面的那句话并给予语重心长的引导和鼓励。

当时的罗尔斯大吃一惊，因为在他不长的人生经历中只有奶奶让他振奋过一次，说他可以成为五吨重的小船的船长。他记下了校长的话并坚信这是真实的。从那天起，"纽约州州长"就像一面旗帜在他心里高高飘扬。

罗尔斯的衣服不再沾满泥土，罗尔斯的语言不再肮脏难听，罗尔斯的行动不再拖沓和漫无目的。

在此后的40多年间，他没有一天不按州长的身份要求自己。51岁那年，他终于成了纽约州的州长。

思考

"三分教育，七分等待。"教师的期盼、等待也是一种爱，而且是一种更积极的、更深层的爱。

心理研究表明：每一个学生从心底里都希望得到老师的肯定、赞扬、鼓励，从而获得成功的体验，获得心理的满足。因此，教师对学生的期望在很大程度上能促进学生品德的提高。事实上，学生非常尊敬那些期望他们做得更好的老师，教师积极的期盼使学生能够在教师爱心的感召下引起积极的变化。

教师期盼性的语言，渗透着教师浓浓的爱，从而使好的学生更加刻苦地学习，也使差生树立起学习的勇气和信心，勇于大胆发表自己的见解，始终保持着一种积极向上的乐观情绪和努力探索成功的强烈愿望，不断发展。

14 引导学生相互欣赏

欣赏别人是一种美德，而这种美德又是我们日常生活中最容易忽略的。欣赏别人绝不是逢迎与敷衍，专拣别人爱听的说。欣赏别人是一种真诚的赞美，努力地发现他人的长处，并从心里承认它。

欣赏别人是一种理解和信任，它是一种激励和引导，可以使人悔过自新，扬长避短，更健康地成长和进步。每一个人都渴望得到别人的欣赏，同样，每一个人也应该学会去欣赏别人。

在教学中，学生们的是非观是很强的，他们常能一针见血地指出别人

身上的缺点，但却不善于去捕捉别人的闪光点，一堂课下来，对别人发言的评价，挑剔的多，赞赏的少。教师要着重引导善于发现学生的闪光点，并及时进行鼓励，增强他们的信心和勇气，帮助他们扬起前进的风帆，使全班同学一起进步，共同提高。

案 例

欣赏有两个含义：一是享受美好的事物，品味其中的趣味；二是认为好，喜欢。欣赏大自然的美景，可以陶冶我们的情操；欣赏人世间一切真挚情意、美德善行，可以美化我们的心灵；欣赏别人，可以让我们发现人世的美好、人生的美丽；欣赏自己，可以使自己的生活充满自信、充满希望……请以"欣赏"为话题，写一篇600字左右的文章，自拟题目，文体不限。这就是我们学校这次期中考试的题目。

在作文阅卷过程中，有一篇文章让我触动不已。文章讲的是班上有三个女生，非常好学，成绩也非常好。每次老师提出问题，她们都踊跃回答。可当老师叫她们回答问题时，班上的一些人总会发出瞧不起她们的尖叫声、嘘嘘声，甚至是摆出嗤之以鼻的不屑一顾的神情。针对这种现象，文章最后发出呼吁要同学们学会欣赏别人，因为欣赏别人是美德，欣赏别人也是一种智慧！

掩卷细思，在我们的教学过程中不乏这样的例子。中学生的好胜心极强，一见别人比自己强，一见他人取得了更好的成绩，心态就很不平衡，不是想着向别人学习，如何努力做得更出色，而是处处挖苦，处处挑剔，处处针对……好胜心如果处理不好会演变为嫉妒。嫉妒既害人又害己，发展到一定程度，会给被嫉妒的人造成很深的心理伤害，同时嫉妒别人的人自己在精神上也会备受折磨，正如法国大文豪巴尔扎克所言："嫉妒者的痛苦比任何人的痛苦更大，他自己的不幸和别人的幸福都使他痛苦万分。"

思 考

作为教师，应该怎样引导学生相互欣赏呢？

首先，要帮助学生树立这样的观点：要能接受生活中有不同于自己的别样的存在，习惯于听到不同的声音，懂得去接纳别人。

其次，要善于发现别人值得学习的地方。人无完人，大家都有各自的长处和短处，纠正别人固然重要，但换一种方式去发现别人的优点，不仅是对别人的一种鼓励，也能促进自己的发展。

再次，引导他们要宽容地对待他人成绩，与别人进行良性竞争，相互学习，相互促进，而不是设法寻找别人的短处或不足，并且多进行自我竞争，从而在良好的学习氛围中发挥自己各方面的潜能。

15　暗示是一种强大的牵引力

暗示的巨大魅力，在于它的不直接、不严厉、不说教，在于它的温和，它的圆滑和巧妙。也因此，学生们会不自觉地接受自己喜欢、钦佩、信任和崇拜的老师的各种暗示。

"暗示"是一种良好的教育方法，它委婉、含蓄，富于启发性，如果运用得当，一定能取得"润物细无声"的效果。好的暗示能督促做错事的学生细细反思，能鼓励好学的学生再接再厉，激励着所有的学生不断奋进，而坏的暗示则会令学生气馁和不安。

暗示的美，是一种含蓄的美。暗示的力量，是一种巨大的牵引力量。老师们要善加利用，方能达到良好的"和平演变"目的。

案例

南京江宁科学园小学的许红梅老师曾接手过一个十分棘手的班级——二年级的一个出了名的"捣蛋鬼集合班"。

这个班的教室内长期地纸屑飞扬，是学校有名的脏、乱、差班级，学生宿舍中的卫生也一团糟，校卫生评分榜上，该班从来都是"最差"，口

碑极坏。但这个班的学生却依旧我行我素，老师们都感到无能为力。

当校长宣布许红梅接任这个班的辅导员时，教友们都十分同情许红梅。

许红梅笑道："不要这样看着我，伙计们，收起你们怜悯的目光吧。我已经仔细地分析过那些学生的心理特点，他们正处于青春叛逆期，自尊心强。以往那种居高临下式的说教，他们当然会反感的，也许我会有好办法制服他们。"

第一堂课，许红梅刚走到教室，就注意到教室门前一片狼藉，学生们似乎刚刚还在嬉戏打闹过，没来得及收拾。

许红梅佯装视而不见，和学生们问好之后，道："同学们，我有件礼物送给你们，你们猜猜是什么？"

学生们好奇地睁大了眼睛，不知道新来的老师葫芦里卖的是什么药。

许红梅拿出十几幅风景画来，"你们看，这几幅漂亮的山水画多美啊。我们把它们挂在教室的墙上，怎么样？"

学生们立即眉开眼笑起来，几个男生主动上来帮许红梅把画挂好。

许红梅又说道："还有几盆鲜花放在外边，张立、刘飞，麻烦你们帮我搬一下。"

鲜花搬进来了，红色的，粉色的，嫩绿的叶子上还有几滴晶莹的水珠，看得出来是许红梅刚给它们浇过水。

墙上是一幅幅山水风景画，讲台上、窗台上是一盆盆鲜花，突然之间把整个教室装扮得分外美丽，美中不足的是地上废纸成堆。

几天后，许红梅注意到教室的地面比以前干净了一些，不过还是有废纸屑。

有一天，许红梅悄悄来到教室巡视时，一个叫王琪的调皮鬼一扬手，一团废纸在空中来了个抛物线运动，正好落在了讲台上。

王琪很快注意到了站在门口的许红梅，便慌了，说了声："许老师……"便脸红了。

但许红梅一言未发，只管自己走过去，弯腰把那团废纸捡起，并扔进垃圾桶。

王琪的脸一下红到了耳根，正低着头等着许红梅批评，许红梅人已经出门了。

打这以后，这个班的卫生越来越好，地面开始光洁一新，极少再见到废纸屑。

前任辅导员奇怪地对许红梅说："许老师，我感到非常奇怪呀，以前，那些淘气鬼们经常把教室里搞得乌烟瘴气，尘土飞扬，一到那个班，我就不由掩住鼻子，现在好像换了一个教室似的，空气也清新多了。"许红梅暗暗高兴。

接下来，在一次学校要求的大扫除中，许红梅的班还没有开始，二（3）班的学生便来借拖把。许红梅还没有回话，就听有学生说："不借！不借！借了我们过会儿用什么拖呀！"随即就有好多人附和道："就是嘛，不能借给他们！"

看着班级学生小气的架势，许红梅只好提议："我们就先借给他们吧，反正我们还没有开始呢，再说等会儿我们可以先捡纸，擦玻璃、墙面，最后再拖地呀！"

谁知竟然还有学生说道："他们把我们拖把弄坏怎么办，不借！"面对学生狭隘自私的本位主义思想，许红梅一怒之下，毫不客气地批评了学生一顿："你们也太不懂道理了，怎么能这么自私……"

顿时，教室里鸦雀无声，学生们低下了脑袋。这事过后，许红梅惊讶地从学生周记里发现很多人都写了这天的想法，他们还是认为不该把拖把借给二（3）班，还罗列了一大堆理由：什么爱护公物啦，班级集体荣誉感啦，等等。许红梅这才发现，教师以势压人的批评是不能解决孩子们的思想问题的。简单生硬的批评训斥，至多只能改变学生的口头认识，只有从思想深处触动学生，才能真正改变学生的思想情感乃至行为。

于是，许红梅故意设计了下面的情节：许红梅把班级的拖把藏了起来，学生值日时，找不到拖把，许红梅就安排他们去二（3）班借。

"许老师，他们不会借给我们的！"

"为什么？"

"因为他们也要用呀！"

"不一定哦,请我们劳动委员去借借看!"

劳动委员不太情愿地去借了(许红梅已经事先和二(3)班的值日生说好)。不一会儿,劳动委员带着很惊讶的笑容回到教室,情不自禁地告诉大家:"他们竟然同意了,说让我们先用!"

其余的学生们也都瞪大了惊奇的眼睛。

许红梅赶紧抓住时机引导学生:"二(3)班同学自己也要用拖把,为什么就愿意借给我们呢?我们以后再遇到类似的事该怎样做呢?"

教室里安静了下来,学生们陷入了沉思之中……

思考

上面案例中的许老师巧妙地运用"暗示"的手段,收到了比直言不讳的正面教育更佳的教育效果。当学生亲眼看到老师捡起自己随手乱扔的废纸时,他们不可能无动于衷。

环境的美是一种无声的语言,当学生们看到美丽的鲜花和动人的风景画与周围的环境反差太大时,他们就会自己动手,使之协调。借拖把也是一种无声的教育,看到其他班的学生如此大方,好胜心强的学生岂能落于人后?

没有太多的言语,没有额外的批评,许红梅只是通过几次暗示教导,就收到了预想不到的效果,让原先一个出了名的捣蛋鬼班面貌一新!许红梅无声的暗示收到了一箭双雕的效果。

16 敢于向学生承认错误

教师总是希望为学生树立正面的良好的形象,这是育人的基础,是无可厚非的。但过于掩饰自己的错误则是不对的。教师不是圣人,难免要犯一些不必要的错误。比如,没了解情况,把学生批评错了;一时疏忽把作

业改错了；教师要求学生做到的自己却忘记做了；等等。面对这些客观事实，你该怎么样面对你的学生呢？如果极力维护自身形象，一味在学生面前装出是对的样子，学生就会对你产生不公正、粗心、言行不一等不良印象。轻则影响学生良好的心理品质，重则对学生价值观及品德形象形成都会产生不良影响。

老师面对现实应敢于承担错误，而并非逃避错误。你在承认错误时，你的勇气也深深地感染了学生，客观地看待评判事物的思想悄悄潜入孩子的心灵。孩子不会模仿你的行为而是会从此引以为鉴。杜绝预防错误的发生是对的，但是既然发生了就必须承认。

案例

以下是一个学生的一篇日记：

那一次是学生缴费，其实每次交费，老师都让每个学生在自己缴纳的钱上写上自己的名字，可由于粗心，那一次，我忘了在自己交的钱上写上了自己的名字。恰巧，那一次，一个同学在班上把自己的钱弄丢了，可他写了名字的钱又出现在我们同学上交的钱里面。这就可能是有的同学捡到或者偷了别人的钱作为自己的钱交上去了。于是，老师就对照着钱上的名字让交钱的同学先把自己的钱拿回去。

看着一个个同学拿着自己的钱带着笑容离开，我有点紧张和害怕。当然，我害怕不是因为我偷了别人的钱，而是怕自己解释不清，老师冤枉我。后来，没有对照名字拿到钱的只剩下我和另外一个同学了，老师又问了我们一遍，果然，我担心的事情发生了，老师让那个同学回到了教室里，只留下了我一个人。我当时想，老师一定是觉得是我偷了钱。接着，老师又把我问了好几遍，最后让交钱的同学下午带家长来学校解释。我当时都害怕得哭了。后来，托管阿姨和我妈妈都到学校和老师进行了解释，老师知道了钱不是我拿的，是冤枉了我。

让我没想到的是，在第二天下午第一堂综合实践课上，班主任老师当着全体同学的面承认了自己的错误并向我道歉，还对我坚持真理的做法进行了表扬，让我很受感动，也很受教育。人不是十全十美的，老师和学生

一样也会有不足的地方，但有了错误就要承认，就要改正，以后我也要向老师学习，有了错误就要积极改正。

思考

事实证明，教师敢于在学生面前承认自己的不是，好处相当多：一是可以起到良好的表率作用，培养学生的诚实谦虚品质和鼓励学生文明待人行为；二是可以拉近师生的距离，消除师生之间的隔膜，与学生建立起和谐融洽的关系；三是可以取得学生的信任，提高自己在学生中的威信；四是可以不断提高自己的教育教学水平。

教师也是人，也有犯错的时候，犯错不可怕，可怕的是犯了错而硬着脖子不认错。知错就改，方为上举。从古到今，从皇帝到圣贤都不乏主动认错的范例，有不少范例还被传为美谈。这些实例都足以说明敢于承认错误是一种传统的美德。因此，当教师出现失误时，要勇敢地承担错误并积极改正，这也是为师者必备的一种素质。

17 广泛征求学生意见

在传统的师生关系中，教师处于绝对的权威地位，"师道尊严"在教育者的思想中是那么根深蒂固，以致他们习惯于向学生发号施令，学生只能是被动的接受者，有意见也只能保留，这就是"教师霸权主义"的表现。

教师在自己的"霸权主义"观念指导下的行为，剥夺了很多同学通过公开公平的竞争获取证明自己、锻炼自己、实现自我的机会，诸如担任班级干部、参与文体活动、参加各类竞赛、获取"三好学生"荣誉等。此外，在学校的日常管理、教师的教学行为、对学生的评价中，教师的"霸权主义"也是无处不在，在它的背后不知道又有多少纯净的心灵受到伤

害。育人者无视"面向全体"、"以学生为本"、"尊重学生成长中自我实现的需要"等要求,把自己的意念强加给学生,使"建构民主、平等、和谐的师生关系"成为一句空喊的口号,结果"赢得学生的信任和尊敬"也只能是育人者的一厢情愿。

案例

　　学校少年团校要求初一年级每班推荐两名优秀学生为少年团校成员。班级学生个个要求上进,都希望自己能被第一批吸纳为团校的成员,"僧多粥少",两个名额怎么分配呢?我根据新学期以来同学们各方面的表现,在经过深思熟虑后,打算把两个名额给雪和星,并作了私下告知。当雪和星希望填写推荐表时,为慎重起见,我说得让全班同学知道并认可这一决定。

　　事情还没公开,班上已传得沸沸扬扬:老师把两个名额给了雪和星,我们都没有指望了。

　　事情远没有结束。磊蹭到办公室:"老师,我想知道班上的两个名额您打算怎么分配?"

　　"老师经过认真斟酌后,认为雪和星各个方面的表现都十分优秀,打算把名额给她们两人。你认同吗?"

　　磊茫然地点点头。

　　"你也是很有竞争力的学生,下次再争取,好吗?"

　　"下次机会是什么时候?""大约要等到下学期了。"

　　"哦!……老师,再见!"

　　我一口气还没喘过来,娟一阵风似的进了办公室。"老师,我想知道你把两个名额给了谁?为什么?"明显地责问。

　　"老师打算把名额给雪和星。"

　　"您征求过我们全班同学的意见了吗?您这样做,对吗?您知道我们会怎么想吗?"连珠炮式发问后,声音哽住了。

　　"哦!让老师再想想。"

　　……

万万没有想到我的自作主张，会招来如此强烈的不满、抗议，在无奈的背后是一种深深的伤害。一天后，我向全班同学作了检讨，包括磊和娟，当然也包括雪和星。推荐活动也按照同学们民主讨论的方案有序进行。

思 考

观念是行动的灵魂。陈旧落后的师生观念必然导致"教师霸权主义"行为的泛滥。广大学生民主、平等、自主意识的觉醒，使"教师霸权主义"再也没有了市场。新课程改革必须以更新教育观念、确立先进的教育理念为首要任务。作为一线的教育工作者，更新教育观念不能只停留在学习认识的层面上，更需要把"新理念"真正落实到日常的教育教学行为中去。育人者敢于向学生承认工作中的失误，倾听学生的心声，悉心听取学生批评，反思自己的教育行为，及时调整工作的策略方法，这也是"亡羊补牢，犹未晚矣"。

18 要说话算话

遵守承诺是每个人都应该恪守的准则，教书育人的老师更应该如此。人与人交往需要的是以诚待人，言而有信是做人的基本原则，只有这样才能获得真正的友谊。虽然人在交际过程中可以通过用相同的兴趣、情感和思想等互相吸引，但是并不能建立良好的人际关系，因为人与人之间的关系还需要信用来维系。能做到"言必信，行必果"的人，能给人以信任感，让人觉得你是值得信任的。

一个人可以没有出色的外表、出色的谈吐，但绝对不能没有诚信。诚信，能让你成为一个最受欢迎的交流对象。教师一言既出，就要层层落实；说一套做一套，不仅有损教师的威信，而且也会让学生将老师的话当

成耳边风。另一方面，教师的言行对学生起潜移默化的影响。教师说话要算数，说到做到，给学生许诺一定要兑现，让学生有信任感，有了信任感，才有亲和力和凝聚力。如果要求学生守时，而自己却迟到早退；在课堂上讲得头头是道，而在办公室或室外却反其道而行之；要求学生尊敬师长，有礼貌，而自己却不注意尊重学生人格和劳动；要求学生讲奉献，而自己却想方设法搞有偿家教等，表里不一，不仅会影响自己的形象，而且会损害整个教师队伍的形象。

案例

刚开学的一段时间，由于天气还非常地热，因此睡觉起来后都没有带他们去户外活动，最近天气慢慢转凉，而且生活作息也规律了，我就想，应该带他们活动一下。一天中午，我对他们说："等下个星期的时候，只要你们睡觉睡得好，起床以后动作快一点，我就带你们下去玩一会。"他们听后高兴极了，立刻认真了起来，纷纷窃窃私语："下礼拜我们可以下去活动啦。"突然，我听到刘抒轶说："老师，你要说话算话。"当时我一惊，马上肯定回答他："那当然，张老师说话一定算话，保证做到。"

当我听到刘抒轶说那句话的时候我着实惊了一下，我在想：难道老师经常说话不算话吗？难道孩子认为老师讲的话只是随便说说，开玩笑的吗？仔细想一下，我们在孩子们面前有没有说话算话？

等到礼拜一他们起床后，以为我忘记了这件事情，学生便提醒我："张老师，你上次说要带我们下去玩的。"可因为我开会的原因，时间已经晚了，于是我和他们商量："老师今天开会时间晚了，等下次好吗？"孩子们不太情愿但都表示了理解、同意。等到下次我就准时让他们起床，我发现他们一个个都很兴奋，因为他们知道：老师今天带我们下去玩的。我也很守信地带他们下去活动了一会儿。

思考

有时候，教师会无意间对孩子说一些事情，可事后忘记了或者认为没

有必要这么做而因此没有做到自己所说的，可能自认为没什么，但孩子们可是一直在关注着你，关注着你说的话。在他们眼里，老师的形象是非常高大的，老师是不会说谎的，是肯定会做到的，然而往往由于老师们的一时疏忽，使得孩子们对你的信任度越来越低，那是多么可怕的事情啊。

老师们一定要有这样的自省：自己有没有承诺过学生什么？失信于人以后有没有及时补救？只有时时在脑中有这根弦，才能约束好自己的行为，为自己的话语负责。

19 培养敏锐的观察力

观察是教师的基本能力，观察力是教师做好工作的基本功，是教师搞好教育工作的不可缺少的心理品质。教师要传授知识、培养能力、提高觉悟，首先要了解学生。要了解学生，就不能事事依靠别人的介绍，或通过学生本人的回答解释，主要还是靠教师自己的观察。观察是一种直接了解和研究学生的最有效的办法。教师的观察是因材施教的依据，教师只有通过各种活动细心观察、深入细致地了解每个学生在成长过程中出现的纷繁复杂的情况，分析研究他们心理和个性特点形成的原因，才能逐渐掌握每个学生的特有兴趣、专长、性格与脾气，然后采取不同的指导方式，使学生从不同的起点上都得到发展，有所进步和提高。

一个人的思想、内心活动总是会在行为活动中有所表现，尤其是青少年情绪比较外露，往往还不善于掩饰自己，教师从学生表现出来的各种神态和表情中就能捕捉到学生思想感情的变化，及时地发现他们身上隐藏的极其微小的发光点，找到还处在萌芽状态的错误苗头，从而使好事得到及时扶植，发扬光大，使坏事消灭在萌芽之中。同时，教师具有敏锐的观察力还能及时觉察社会上各方面的思潮对学生的影响，及时发现和了解在某一时期、某一阶段预防何种隐患，从而把握住教育学生的主动权。

案例

　　这一节课，按照原定教学计划顺利地进行着。突然坐在第一个座位的小蔡同学脚一踮、腰一弯、手一伸，把整个教室的电源给切断了。"你干吗？"我顿时火冒三丈地吼道。"我不想让他们完成作品。"他理直气壮地回答我，"因为，我每次很努力、很努力地实践，但其他同学都给我打50分，不公平！所以我也要让他们不能顺利完成任务。"

　　如果我善于观察，也许早就可以在事件发生之前觉察每个学生身上都有长处和积极的因素，再顽皮不懂事的人，他们都不乏旺盛的精力和特殊的才干，他们身上的积极因素是可以迁移到学习、劳动和各种正当有益的活动上去的。如果把这些心理品质发扬出来，不断巩固和扩大，完全可以控制、克服和缩小各种消极因素，最后达到扬善救失的目的。一般后进生的优点往往被短处、缺点所掩盖，再加上人们对他们形成了习惯、固定的看法，他们身上的优点往往被忽视。要发现这些闪光点，教师就必须具有敏锐准确的观察力，善于抓住后进生的突破口，激发他们前进的信心和力量，促进他们向好的方面转化。

思考

　　能不能善于发现后进生身上的闪光点，激起他们的上进心和自尊心，在一定程度上可以说是对教师观察力最好的考验。"用其所长，克其所短"，这是转化后进生的根本经验。每个学生身上都应该说有长处和积极的因素，当然后进生也不例外，他们中间不少人有旺盛的精力和特殊的才干，如心灵手巧、有组织才能、身强力壮、眼明手快等。如果把这些心理品质发扬起来，不断巩固和扩大，是完全可以控制、克服和缩小各种消极因素，最后达到长善救失的目的的。而一般来说，后进生的优点往往被短处、缺点所掩盖，再加上人们对他们形成了习惯、固定的看法，他们身上的优点往往被忽视。教师只有具备良好的观察力，才能善于发现他们的优点。许多优秀教师在这方面为我们树立了榜样，他们善于抓住后进生的突破口，成功地改变其心理状况，激发出后进生前进的信心和力量，将他们

变成了好学生或将后进生育成了奇才。

因此，作为一名教师，我们应该随时关注每一位学生的成长历程，做学生学习和生活的正确引领者，只有这样，学生才能得到真正的、全面的发展。

20　做好榜样角色

教师的一言一行都会给学生留下深刻的印象，在学生心目中，教师是社会的规范、道德的化身。老师是学生的一面镜子，只有风正，才能学正；只有源清，才能流澈。学生把教师看作是重要的学习榜样，教师在教师育人的同时要把自己全方位地展现在学生面前，这就要求教师必须具有职业道德，必须塑造好自己的师表形象，遵守国家规定的师德规范，为人师表，以身作则，循循善诱，诲人不倦，以自己的师德魅力影响学生。

案　例

我是一名信息技术教师，由于学科的特点，我上课的地点大多数是在学生微机室，因此对学生行为习惯的培养就显得尤为重要。为了做好机房的卫生保洁工作，我要求每位学生到机房上课都必须戴鞋套。由于有的鞋套质量不是很好，穿几次就破了，下次则完全不能再用了，于是有的同学走出机房后，就把不能再穿的鞋套直接扔在机房外面。在我参加工作的最初几个礼拜，我只要看见机房外面有破鞋套，就叫走在后面的同学捡起来扔到自己班上的垃圾桶里面去。记得那时每次下课后，我都要检查机房外面有没有破鞋套或者是垃圾。当时我还有点得意，认为自己坚持得很好，使机房外面的卫生保洁得不错。可后来却有老师向我反映，学生上机后不能用的鞋套怎么到处扔得都是。听了这个消息，我当时很纳闷，不是每次下课后我都站在机房外面检查了外面的吗？怎么会到处扔着鞋套呢？从那

以后我专门留心了一下究竟是怎么回事。后来得知是楼道口有破鞋套，开始我很不明白怎么楼道口有鞋套呢？如果不能用了，他们下课后就不会再带走，不是就直接扔在机房外面的吗？如果能用的话，他们都收拾得好好的带走了的呀？

记得有一次上完信息技术课我正好有事到办公室去，正巧发现有一位学生将鞋套扔在楼道口，仔细看一下，原来那位学生就是刚才下课走在后面我叫他把机房外面的鞋套捡一下的那位男生。他的确按照我说的将机房外面的鞋套捡干净了，但没有想到的是他转身过来又将它扔在了楼道上而不是扔在垃圾桶里。后来几次下课后我特意跟踪了几个同学，他们几乎也都是这样做的。从机房外面捡起来扔在楼道口，这与不捡有什么差异呢？于是从那以后我不再叫学生捡了，而是看见有垃圾我就自己去把它捡起来扔进垃圾桶里，我想给学生树立一个好的榜样。坚持一周下来，真的很有效。学生看见是我在捡，他们有的想乱扔也不好意思了，而是收好带回教室的垃圾桶里，而有的看见我捡的同学也主动来帮我捡，还不停地叫我不要捡，他们捡就行了。慢慢地，机房外面不再有同学乱扔垃圾了。我感到非常欣慰，是我用自己的行动感化了他们。

思考

品德这个概念有点虚，很抽象，很难把握；而行为却是实实在在的，看得见的。师德就是榜样，身教重于言教。一个身体力行的老师，肯定比那些高谈阔论、光说不做的老师更受学生的尊敬和欢迎。榜样的力量是无穷的，那么教师应在哪些方面为学生树立榜样呢？

一要诚实。孔子曰："知之为知之，不知为不知，是知也。"叶圣陶先生也曾说："千教万教，教人学真；千学万学，学做真人。"孔子和叶圣陶先生虽然所处年代不同，却在教书育人方面达成了共识——播种诚实，让学生光明磊落、坦坦荡荡地做人。

二要宽容。教师要学会宽容，俗话说："仁者无敌"，其实质就是要求我们要宽容善待别人。我们作为一名教师，如果能以宽容之心善待学生，不仅可以维护学生的自尊心，而且能表现出教师的宽大胸怀，也必然会赢

得学生的信任和拥戴。苏霍姆林斯基说过:"有时宽容引起的道德震动,比惩罚更强烈。"

三要公正。我们作为老师就要公平对待所有学生,把每一个学生视为自己的子弟。在学生眼里,公正客观被视为理想教师最重要的品质之一。他们最希望教师对所有学生一视同仁,不厚此薄彼;他们最不满意教师凭个人爱好,偏袒某些学生或冷落、歧视某些学生。公正,是孩子信赖教师的基础。

四要自我批评。"人非圣贤,孰能无过,过而能改,善莫大焉。"可见,正确开展批评和自我批评,是促进个人进步的内在动力和外在推动力,是教师道德修养的根本方法。

21 尊重学生的兴趣

事实证明,兴趣是无数创造发明的向导。实际上,兴趣也是学生学好科学文化知识的向导,它使孩子们乐而忘倦,勇往直前。因此,有人断言:"天才就是强烈的兴趣和顽强的入迷。"

一位老师要想使自己在教学上取得成功,首先应该重视循循诱导而不是强制打压。如果说你能利用学生的兴趣来调动学生的学习积极性,将会使你的教学得心应手,将会使你带着你的学生在知识的海洋里游泳时,尽情地享受着快乐,而不会感到心绪焦躁和苦恼。

案例

"85-Ⅲ型主战坦克是我国北方工业公司新近推出的一种新型主战坦克,重42.5吨,发动机功率为735千瓦,最高时速为65千米/小时,装有125毫米火炮。它具备自动装弹机,乘员减少到3人,而发射速率却达到8发/分钟。它还采用了稳像式火控系统和适宜夜战的第二代微光夜视仪,

车上还装有 GPS 全球定位系统，炮塔和车体前部挂装复合装甲块，车内还装有三防和灭火抑爆系统。"讲解人停了停，又挂出一张飞机模型图片，接着讲解起来：

"这是一架国产歼击机，代号是 8 IIM，于 1993 年 3 月在沈阳首飞成功。其作战效能与 F-16 为代表的第三代战斗机相当，它机长 21.59 米，翼展 9.34 米，高 5.14 米，最大起飞重量 18.3 吨，最大挂载 3000 千克。有 7 个外挂点，可挂装各种导弹、炸弹。它装有先进的脉冲多普勒雷达，可同时跟踪 10 个目标。它的火控系统装有平视显示器和多功能显示器。它还装有全球定位组合导航系统。"介绍完飞机，他又有条不紊地介绍起驱逐舰、航空母舰……有图片，有绘画，有模型，讲解人准确而通俗的讲解，为同学们展示了神秘多彩的兵器世界。整整一个小时，全班同学聚精会神地倾听，教室里鸦雀无声。

事实上，这个滔滔不绝、对兵器知识颇有研究小专家就是我们班里有名的"问题生"。他今天的"脱胎换骨"还缘于我的一个小小的计谋。

事出有因，我带这个班半年来，发现王锷聪明但不好学，上课不是打瞌睡就是走神。多次谈心，结果总是保温瓶一阵热，三天一过，江山依旧。怎样才能触动他呢？我一时感到一筹莫展。

有一天，下课后，历史老师拿着几本《兵器世界》杂志来告状，原来是王锷身在教室，眼看兵器，心游世界。我心一动，知道机会来了。在随后的家访中，我发现他长期订购有关兵器的图书杂志，亲眼看到他的书桌、书柜还摆着不少飞机、坦克、兵舰的拼图和模型，他的小屋简直是个兵器展览馆。我眼一亮、心一动，何不因材施教，利用他的兴趣来刺激他奋发学习呢？

主意一定，我请他给全班同学介绍兵器知识以扩大同学们的视野。在历届老师的眼里他都是差生，没有资格主持班会。听到我的这个决定，他不敢相信自己的耳朵。看到我信任的目光，他这才点头答应了。认真准备后，他登台给同学上了新奇的一课。在热烈掌声中，王锷对着全班同学、对着我深深地鞠了一躬。我趁热打铁，说："今天，王锷是我们大家的老师，当然也包括我。感谢他为我们打开了兵器宝库。今天王锷掌握了如此

丰富的兵器知识，明天他一定会成为兵器专家，为中国实现国防现代化而贡献聪明才智。我提议，让我们再次以热烈的掌声感谢他精彩的演说，并预祝他早日实现宏伟的理想。"王锷的眼睛闪着兴奋的光彩。课下，我又趁热打铁，点拨他说："兵器是综合的科学，是高科技之一；兵器研究需要高素质的尖端人才。现在学好各科文化知识，是为将来从事兵器研究奠定必要的基础。"我看见王锷虔诚地点头的样子，知道这一次真真打动了他的心。从此以后，告王锷状的没了，王锷的学习成绩也如芝麻开花——节节高。

思 考

　　天生其人必有才，天生其才必有用。每个青少年都有爱好、兴趣，这是大树的萌芽，这也是学习动力的源泉之一。上面案例中的老师就是巧妙地挖掘学生的长处、寻觅其闪光点，然后给他创造展现才华的机会，调动其内驱力，调动他的兴趣，而兴趣是最好的老师。人一旦对某事产生了兴趣，那么干好它所必然遇到的重重困难也就不在话下啦。

　　教师要充分利用学生特长调动学生学习积极性，激发学生的学习兴趣。学生明确了学习目的但又有不同的喜好和特长，是不是就意味着一开始我们就应该分门别类的给予指导呢？不是的，初高中课程属于基本课程，是以后发展的基础，教师必须让学生明白这些课程和他将来要发展的内容之间的联系，用其利害关系引导学生进行学习，那样学生才能知道学习这些课程的必要性而发挥自己的主观能动性自发进行学习，比如：爱好体育的学生，应该让他知道体育和生物、化学、数学、物理等之间的关系，知道只有学好了这些才会更好地利用自己的身体发挥自己的特长；学美术的，应该让他知道调色用到几何、化学等，让他知道这些是他画出好画的前提。这样学生知道学了，各门成绩好了，也有了成就感，学生越学越有心劲也必会获得最终的成功。

22 让学生体面地下台

当学生犯错误的时候，我们有些教师或大声指责，数落学生的种种不是；或冷眼相看，恨铁不成钢；或大动肝火，严肃批评，学生不掉眼泪不罢休；或一纸"告状书"告到家长那里，让家长使用"家法"……然而效果却往往不尽如人意。常有些老师说"某某学生屡教不改"、"某某学生太顽固了"，其实，我们做教师的应该从自身寻找原因，为什么犯错误的学生"教而无效"？原因往往在于我们的教育方法存在问题。

苏霍姆林斯基在《要相信孩子》中谈到："影响学生的内心世界时，不应挫伤他们心灵中最敏感的一个角落——自尊心。"面对学生的无心之过，假如只是一味地讽刺、训斥、责骂，只能使他们产生反感，形成逆反心理，或是自暴自弃甚至产生其他不良后果。反之，教师如果能够适时承揽学生的错误、帮他们解围，让他们体面地下台，不仅可以维护学生的自尊，还可以帮他们树立信心，从而收到良好的教育效果。

案例

这是一个发生了近三十年的事情。

临放寒假时，南京师范大学附属小学的学生照例在小操场上召开表彰会，而"三好学生"上台领奖往往是表彰会的高潮。校长在上面发奖，学生在下面叽叽喳喳说话，整个操场显得乱哄哄的。

王强坐在下面低头想着自己的心事：都上小学五年级了，自己还从未当过"三好学生"，即使夜里做梦也不会梦见自己当"三好学生"。因为他学习成绩一般，又是一个农家子弟出身，所以他很自卑，觉得"三好学生"绝不是他这种人当的。

"快，校长喊你上台领奖，你是'三好学生'啦！"旁边的"大棍"

用胳膊搗他。

"什么？"王强回过神来，难道福星真的照到自己的头上？他简直不知道该怎么办才好，激动得不知所措。

"快去呀！"旁边的几个人叫道。

王强第一次被评上了"三好学生"，他郑重其事地走上主席台，为了替农家子弟争回些面子，他向校长敬了个标准的少先队队礼。接下来，就该双手接奖状了。

"你来干什么？"校长的脸上没有一丝笑容。

"我来……领奖呀。"他不明白，为什么校长对别的"三好学生"笑容可掬，唯独对他冷冰冰的，他有些委屈。

"领什么奖？"校长一下子暴怒起来，"简直是胡闹！"

他一下子懵了，"不是您喊我来领奖的吗？"

"我叫你来领奖？"校长把"三好学生"名单往他面前一推，"你看看，上面连你的名字都没有，我会叫你来领奖？"

王强随即听到身后传来了同学们的笑声，只听"大棍"一边笑一边嚷嚷："哎，他信了！他信了！"

这时王强才知道自己被人捉弄了，当着这么多人的面，他无地自容，转身就跑。

他的班主任斯霞——一位不苟言笑、做事认真的女老师，走过来拦住他："别走，这次'三好学生'有你呀。"

全场一下子静了下来。

斯霞走到校长面前："这次'三好学生'有他。怎么会没有呢？我明明记得有嘛。"

校长气愤地把名单递给她，她仔细地看了两遍，一拍脑门："哎呀，你看我！我写名单的时候把他漏掉了，都怪我！"

校长脸一沉："胡闹！亏你平时认真，也能出这种错！现在怎么收场？"

斯霞把上衣口袋的钢笔递到王强手上："没有奖状和红花了，这个奖给你吧。"

斯霞平时穿一件蓝色中山装，上衣口袋里常别着一支钢笔，钢笔的挂钩露在外面，在阳光下白灿灿的，常引得学生羡慕不已。

要知道，20世纪70年代末的那个时候，对一个农村孩子来说，钢笔还是奢侈品啊！

那个寒假，王强过得既充实又高兴。他拥有了自己的第一支钢笔，最主要的是，这支钢笔代表着一种荣誉，是自己应该得到的奖品。他的自卑感一下子消失了，从此和"三好学生"结下了不解之缘，直到高中毕业，进入大学。

2004年1月12日，已是南京某中学班主任的王强从新闻中得知：全国"三八红旗手"、全国劳动模范、江苏省特级教师、江苏省劳动英雄、多届全国人大代表斯霞因病去世。

王强心酸不已。回忆当年，他对妻子说："你说，斯霞老师那么认真的一个人，怎么单单把我漏掉了呢？"

妻道："亏你还是名教师。她那么认真的一个人，怎么会单单把你漏掉了呢？"

王强的眼泪刷地喷涌而出。夜半，他披衣而起，满含热泪，久久不能入眠……

思考

世上没有教不好的学生，只有不懂教育的老师。能心甘情愿地为学生遮风挡雨的老师，绝对是世上最伟大的老师。在上面的案例中，对王强来说，斯霞老师适时地替他承揽错误，不仅是一种荣誉的享受，更多的是对他柔弱心灵的呵护，由此而进一步使他增强勇气和力量。

同学们的捉弄让王强产生误会，面对校长的斥责和其他人的嘲笑，他更感到无地自容。斯霞适时地将王强所犯的所有错误和责任全都大包大揽到自己身上，这一来，王强的自卑感立刻戏剧般地消除了，取而代之的是他充盈的荣誉感，也正是这种荣誉感激发了王强潜在的巨大内驱力，促使他快速地成长起来。

任何一名优秀的老师都应该像斯霞老师那样学会换位思索，敢于承揽

学生不经意间的错误，以健全他们的人格，暖和他们的心灵。还记得德国的思想家歌德曾经这样说过："铁匠铺里烧得很旺的炉火熔掉了铁条上的杂质，铁质就变软了，等到它纯化了，就对它敲打和加压，然后又用清水淬火使它再度硬化。一个人在他老师手里经历的也是这个过程。"

面对学生的无心之过，老师要有良好的心态和一双慧眼，在呵护学生脆弱的情感、适时地承揽学生的错误、让他们体面地下台的同时，帮助他们重拾自信，如此才能收到事半功倍的效果。

23　妙用授权激励学生

我们知道：当一个母亲放手让孩子跑步的时候，她确信孩子已经能跑了；当孩子被母亲放手后，他知道母亲放手的原因——他已经得到了信任。

教育中的授权激励就是老师对学生的一种信任。被授权的学生会认识到老师对自己的信赖，从而大大激发他们的创造性、主动性。

随着素质教育的不断深入，授权越来越成为培养学生主体精神的有效途径。恰当地对学生进行授权往往能激励学生在学业和品德方面的上进心，从而有力地促进学生的全面发展。所以，老师在日常的教育教学中，应该多提供一些机会、多创造一些条件给我们的学生去参与，不要怕他们会失败。只有让他们从小成为学习、生活的小主人，长大后才能成为社会的主人。

案例

由于形形色色的原因，一些学生或者沾染上一些毛病，或者学习成绩暂时居于中下游，于是他们便被扣上后进生的帽子。从此，他们看到的笑

脸少了，听到的表扬少了，而奖励更与他们无缘。我认为，后进生正由于重重压力让他们难以解脱，正由于难以摆脱后进的尴尬境地，于是产生了自卑自弃的心理；然而他们内心的自卑自弃却往往以表面的自负自傲曲折地反映出来，尤其其中的部分男同学更是目空一切、老子天下第一、老虎屁股摸不得。其实这是在用自己的"强势"掩盖自己的脆弱。我实施授权激励法的依据就源于这样的思考。

  对班内的后进生，我总是先做透彻的调查、深入的研究，挖掘出他们的一技之长，哪怕这"长"仅仅刚刚发芽；然后再有意给他们增加压力。本来组内有更合适的人选，却因为后进生甲热心公务，就让他担起组长的担子。某次全班外出参观，班长请假，本来班内有更合适的人选，却因为后进生乙是小团伙的头儿有人缘，就临时给他加上总指挥的重担。初中时因参加社会流氓团伙而受过处分的后进生丙到我班，经一个学期的教育确有进步表现后，我大胆地委派他当上体育委员。他彻底转变、后来入了团就是由此迈开万里长征第一步的。初中时受过纪律处分的后进生丁，我满腔热情地帮助他。有一次，轮到我班进行国旗下的演讲。过去各班历次国旗下的演讲者不是班长，就是团支书，要不就是三好生，我却让丁代表全班前去演讲。演讲稿，我一字一句地修改；演讲词，我一句一句地辅导。丁站在国旗下，万分激动，因为这是他第一次成为班级的代表，肩上的担子千斤重。他果然没有辜负老师与同学们的期望，出色地完成了任务，为集体争了光。从此以后，他时时处处想着集体的荣誉，旧貌换新颜……我就是这样，采用增担加压、授权鼓励的方法，转化了一个又一个后进生。

思 考

  在学校，由于缺乏面对全体学生的教育思想，学生干部只是少数人担任，其结果是大部分学生失去了这个宝贵的机会。我们可以多创造一些机会给学生，比如让学生自己尝试主持班会、组织野炊活动、为同学服务等。

  但是，作为教师，我们应该注意：（1）做一般的转化工作已初见成

效，后进生确实产生了上进心是授权激励的前提；不具备这个条件，就不可实施；(2) 授权激励后，要做好辅导工作，创造条件让其出色地完成任务，决不能让他们再经受失败的折磨；(3) 增担子，担子多重；加压力，压力多大，这都应该因人、因时、因事而定，一定要突出针对性；(4) 要允许后进生反复，承担重任后又做出与此不相配的后进事，也不要轻易收回担子、减少压力；相反要想办法变坏事为好事，充分利用他的自责心，进一步做好转化工作。

24　用信任交换信任

作为教师，我们应该信任学生，如果教师不相信学生的进步就失去教育的意义了。青少年的世界观、人生观的可塑性很强，经过正确的教育都能成为有用之人。即使有了过错，只要引导得法，也能改正错误，"与昨天告别"。

信任是一种心理，同时信任也是一种动力，它能激励学生，也能激励我们自己，它能使学生树立起信心，使我们在教学过程中发掘出他们的潜力，信任是师生沟通的桥梁，使师生之间的沟通变得简单容易。

案例

今年带完毕业班，我到五年级接了一个新班，返校那天与学生见面，我发现坐在第四排的一个胖乎乎的男孩总是低着头看地上。在黑板上我又发现谭××这个名字出现了几次，我问收作业的小干部："写名字在黑板上是什么意思？"她说："刘老师，谭××的几样假期作业都没带，可能没做。"我说："谭××是哪一个？"她指了指坐在第四排的一个胖乎乎的那个低着头的男孩。

我招手示意谭××到讲台上来，他没看见，周围的同学急忙提醒他。他很吃惊，也很害怕，慢慢地走上了讲台，我看见他额头上有一些汗珠渗出。我想："这孩子怎么了？会不会真的没做假期作业，怕被老师批评。"我问："顾老师布置的作业你做了吗？""我做了，可没带。"他说话的声音微微有些颤抖。这时，一个同学说："别骗新来的老师了，你的作业根本没做，以前他经常不做作业，骗老师说做了。"我愣住了。他急忙争辩："我……我做了的，只是没带，老师您一定要相信我。"他抬头看着我，眼里充满希望。我想：应该相信他吗？迟疑了片刻我说："老师相信你，开学典礼的那天记得带来，好吗？"他感激地看着我说："谢谢老师相信我，我一定会记着带的。"他如释重负回到自己的座位上。他没有再低头看地上了，而是抬头看着我的眼睛，充满了自信。

开学那天，他早早就站在办公室门口等我，把几个本子亲手交到我手里，并且很自信地说："这是我的假期作业，我带来了，交给您。"我从他手里接过来，翻开看起来，字迹挺工整的，看得出并不是这几天赶的。我摸着他的头说："做得很好，看得出你假期花了不少的时间。""老师，谢谢您的信任，今后我会努力的。"

他高兴地走了。看着他远去的背影，我想：老师对学生的信任是多么重要啊！如果当时我劈头盖脸地批评他一顿，可能会是另一种情况。今后在自己的教育工作中，千万要尊重学生、信任学生，不要用定势的眼光去判断问题，去解决问题。

后来，这个叫谭××的小男孩变了，他从不晚交作业，上课也爱发言了，还积极参加各种竞赛。我在他的一次周记里读到："因为得到刘老师对我的信任，我才有如此的改变。"

思考

教师要相信学生。孩子们成绩的差异，决不能简单地归结为学生的智力水平。在耳边经常响着这样的语句："这个问题，孩子能回答上来吗"，"他们会提出有价值的问题吗"等。这样对孩子缺乏起码的信任和认知，势必导致学生自信心的削弱甚至丧失。因此，我们应从此入手，用我们信

任的目光、鼓励的话语来帮助学生树立起他们的自信心，使学生从老师的言行、态度中发现自我，主动去挖掘和发挥自己的潜能。

教师对学生充满信心，会使他们得到一种"我能行"的暗示，这种暗示越强烈，学生就越能消除自我戒备、压抑的心理，重塑自信。有的学生成绩不理想，而且性格内向、胆小，平时不敢大声说话，也很少与其他同学一起玩，课堂上发言更是让人着急。此时，教师故意提出了一个简单的问题让他回答，开始时他或许不敢答，恐怕回答错了大家笑他，这时老师应鼓励他：你是一个勇敢的孩子，要敢于发言，我相信你一定能正确的回答出来的。当他回答出时，鼓励他说：你答的很好，但如果能再大点声，让每位同学都能听见就更好了。然后示意同学们给他掌声。长此以往，信任和鼓励会帮他找回信心。

25　每天反思一下自己

思考是一种好习惯，它传承精华，去除糟粕，孕育智慧。思考可以化解矛盾的症结，使僵化的思维方式疏通、变得清晰，从而构建新的思维和理念。美国心理学家波斯纳提出了教师成长的公式：成长 = 经验 + 反思。相反，如果一个教师仅仅满足于获得经验而不对经验进行深入的思考，那么，即使是有二十年的教学经验，也许只是一年工作的二十次重复，除非善于从经验反思中吸取教益，否则就不可能有什么改进。反思是教师积极探究心态的表现，它可以使教师重新找回失去的自我，不唯书，不唯上，不唯专家，相信自己才是处理问题的专家。

在日常工作中，教师没有意识到的教学行为和没有深思的教育理念，在反思的过程中，能在理论的水平上有深层的认识，使教师隐藏在自己心中的教育思想得以激活。

案 例

特级教师龚春燕,全国著名教育专家、重庆教科院教育发展研究所所长、研究员、联合国教科文组织创新学习研究项目课题组组长,他撰写了5部有关创新学习的专著,在2003年还应邀到美国芝加哥大学作了创新学习的专题报告。他在谈到自己成功经验时是这样说的:"工作21年来,我坚持每天晚上反思一下当天的工作,并且把自己所思、所感、所得都记下来,日积月累,形成了很珍贵的原始素材,多次整理,写了不少的文章。"

在看了龚老师的相关事迹和著作后,我个人认为龚老师的成功秘诀在于"与思考相伴",他的反思具有如下的几个特点:

第一,反思要持续不断。

偶尔的反思并不困难,也是绝大多数的老师能做到的,但持续不断的反思却不见得是每个人都能可以做到的。比如我就会经常自己给自己找个不是理由的理由。龚老师将反思变成一种习惯,贯穿在自己日常的教育教学工作中,工作21年来,他坚持每天晚上反思一下当天的工作,并且把自己所思、所感、所得都记下来,这是需要顽强的毅力的。

第二,反思要与读书结合起来。

对于教育教学工作中出现的问题,不是单纯地苦思冥想,而是以书籍作为思考的后盾,要将反思与读书结合起来,要广泛地阅读,书籍能让你的反思更理性,更厚重。龚老师每年都从工资中取出一部分买书或订阅报纸。每一次出差,买回的东西中书是最多的,不仅有教育方面的,还有哲学、传统文化方面的。21年来,他藏书5000多册,几乎每天都学习到深夜。

第三,反思要与撰写结合起来。

实际上,每个老师上完课之后都会或多或少进行些反思,只是没有以书面的形式写下来而已。在大力倡导反思的今天,有的老师说:"反思难道非得流于书面形式吗?有写的必要吗?"我个人认为很有必要!停留于大脑里的思考,往往是零碎的、紊乱的,倘若你拿起笔将所思写下来,你就会发现,还需要对自己的思考作一番整理,而整理的时候又会有新的发现和认识。所以说,我们教师不仅要勤于思考,善于思考,还要及时将所

思所想写出来，这也是龚老师取得成功的一个重要方面。他20多年来，一直坚持将自己所思、所感、所得都记下来，日积月累，形成了很珍贵的原始素材，经过多次整理，写出了多篇论文和多部专著。

其实就我个人来说，我个人的成长确实也离不开我的教学反思。我习惯经常结合自己的教育教学活动，反思自己的教学观念、教学行为及教学效果。通过反思，我使得自己很快成为了教学主人，很好地获得了成长。

思 考

我们身边有不少老师，工作几年后或多或少有一些心理落差：我付出这么大的努力，为什么收获不大？我的良苦用心为什么总不能被家长、学生理解？我的成绩为什么总不能被校长、同事承认？究其原因，就是缺少了思考。光埋头苦干是不行的，还要学会思考，只有深入思考，才能透过现象看到本质，才能让自己的教学工作更加得心应手。

26　与家长保持联系

家庭是孩子的第一所学校，父母是孩子的第一任教师，父母的行为直接影响到孩子的思想、品行，家长对孩子行为的认知比较具体、深刻；学生的思想品德、行为态度、学习质量和健康状况等在很大程度上与家庭环境有着密切的联系，家庭教育对孩子的成长起到举足轻重的作用，而对学生教育起主导作用的学校教育又必须取得家长的支持与配合。这两个"教育者"之间的纽带就是教师。教师和家长之间的沟通一方面会直接影响到师生关系，另一方面也会通过家庭教育这一渠道影响到学生的成长。因此，教师与家长的沟通十分重要。对孩子共同的爱是沟通的基础。教师与家长的沟通是为了一个共同的目标，那就是教育好孩子。共同的爱使家长

和教师的距离拉得更近，使家校的交流更加自然、融洽。

案例

一天早上学生宇没来，我想他难道出什么事了？后来得知原来他早上打电话请假说是发烧了，并且他奶奶在电话中也是这样说的。宇本学期上课常常打瞌睡，家庭作业也不能很好地完成。我一直想家访但未能成行，今天正好是一次机会。我和班主任在上完第二节课后，带了体温计就直奔他家了。结果宇的谎言给拆穿了，他根本就没发烧，不到校的原因一是外语和物理作业没完成，不敢来学校，二是睡晚了早上起不了床。他的奶奶说："宇每晚作业都会做到午夜。"

我们感到很惊讶，虽然是初三，但各科作业的总量不至于这样多呀！在我们的追问下，他不得不说出事实真相：他父母一直不在家（母亲离异外嫁了，父亲在外打工），晚上他常偷偷地在电脑上打游戏到很晚，年迈的爷爷奶奶照顾他的生活，但他们的起居都在楼下，他只要一听到他们上楼的声音就伪装成认真学习的假象，从而轻易地骗过了老人。昨天晚上，他打游戏入了迷，一直到凌晨两点才歇手，早晨起不了床。

针对这一情况，我们与他爷爷奶奶及父亲（电话沟通）进行了协调，制定了下一步家庭教育的措施。很快这个学生就回到正常的学习状态中来了。家长庆幸我家访的及时，更庆幸我们及时解决了一个难题。

思考

学生来自不同的家庭，每个家长的文化水平、素质、修养不同，各个家长对学校教育的配合程度存在很大的差异，有时我们甚至会遇到一些粗鲁的家长，那就要求我们接待不同类型的家长时必须讲究语言的艺术。

1. 对于有教养的家长，尽可能将学生的表现如实向家长反映，主动请他们提出教育的措施，认真倾听他们的意见，充分肯定和采纳他们的合理化建议，并适时提出自己的看法，和学生家长一起同心协力，共同做好对学生的教育工作。

2. 对于溺爱型的家长，交谈时，更应先肯定学生的长处，对学生的良好表现予以真挚的赞赏和表扬，然后再适时指出学生的不足。要充分尊重学生家长的感情，肯定家长热爱子女的正确性，使对方在心理上能接纳你的意见。同时，也要用恳切的语言指出溺爱对孩子成长的危害，耐心热情地帮助和说服家长采取正确的方式来教育子女，启发家长实事求是地反映学生的情况，千万不要袒护自己的子女，因溺爱而隐瞒子女的过失。

3. 对于放任不管型的家长，班主任要多报喜、少报忧，使学生家长认识到孩子的发展前途，激发家长对孩子的爱心与期望心理，改变对子女放任不管的态度，吸引他们主动参与对孩子的教育活动。

4. 对于后进生的家长，教师要让家长对自己的孩子充满信心。班主任最感头痛的是面对后进生的家长。面对孩子可怜的分数，无话可说；面对家长失望的叹息，无言以对。对于后进生，我们不能用成绩这一个标准来否定学生，要尽量发掘其闪光点，要让家长看到孩子的长处，看到孩子的进步，看到希望。对孩子的缺点，不能不说，不要一次说得太多。在说到学生的优点时要热情、有力度，而在说学生缺点时，语气要舒缓婉转，这样就会让家长感到对他的孩子充满信心。

5. 对于气势汹汹的家长，我们要以理服人。教师碰到气势汹汹的家长往往也会热血冲头，碰到这种家长我们一定要沉得住气。碰到此类家长，最有效的做法就是面带微笑。班主任面对家长的指责，要克制自己的怨气，不要和家长争执，更不要挖苦讽刺学生而伤及家长，脸上要充满微笑，那么无论是多么尴尬或困难的场合，都能轻易渡过，赢得家长的好感。

要使家长的教育配合学校教育，关键在于班主任与家长的沟通，形成学校与家庭的德育工作统一战线。班主任要以诚待人，以心换心，同时努力提高自己的道德修养和理论水平，这样才可以架起与家长沟通的桥梁，做好学校的工作。

27 真诚地帮助同事

大多数人都认为自己比别人强，即使当别人做出的成就远远超过自己的时候，人们也会把别人成功的原因归于机遇。有人把人们的这种心理称为"孤芳自赏"，且不论这种说法是褒是贬，单就这种心理造成的影响来说，它大大阻碍了人们的成长。因为成长不能只靠自己，同事的扶持和帮助会使我们在成长的道路上获得更显著的成就。

在日常工作中，一个人肯定会遇到各种各样的困难，但应该记住：搬开别人脚下的绊脚石，有时恰恰是为自己铺路——帮助同事即是帮助自己。在帮助别人时，任何一种努力都不会白费。教师在工作中帮助同事，有助于提高整个团队的工作效率，但是，在帮助同事的过程中也要采取一定的方式、方法，千万不要因为采取的方法不当而惹来别人的抱怨。

案例

张美蓉老师，是安徽省省妇联执委、市政协常委、市巾帼十大女杰，也是最近入选的安徽省中学地理特级教师，志诚名师网校地理学科组长。

张老师在学校一直受人爱戴，不仅仅是因为她出色的业务素质，更重要的是她的优秀品格。张老师在工作中，尤其是教研活动中，总是非常关心周围的同事，她的事业心和爱心，一直在教研组近二十位教师中留下极为深刻的印象。比如，工作中，她的积极性最高，同事们因为日常教学琐事忙耽误的事，她总是帮助同事们说话，而且自己亲自替大家完成，同事们有任何的困难，她总是率先帮助大家解决。每年一度的教研组聚会，她不是带烟就是带酒，都是自费购买，并且饭局中总是劝同事少抽少喝，注意身体，并且一定要爱家人爱妻子。

张老师担任教研组长的六年，从不计较荣誉和得失，总是配合和帮助领导做好教研活动中的任何工作，有一次学校组织聘任的各文化学科组长赴江宁进行封闭会议，她克服家庭困难，积极参加。我们通知是中午一点出发，她十二点就来到学校集合。我们说准备工作八号交稿，她来前就基本安排好了并落实到人了。当天晚餐时，一位同事说到自己忘记了带袜子，脚很臭。她记在了心上，第二天早上一见面，她就把昨天晚餐后下楼买到的袜子递给了那位老师。封闭会议进入最后汇报会的时候，她在讲话中，反复告诫青年教师："我年纪老了，现在是将每一天当作生命中的最后一天来过，才觉得最有价值，希望各位也按照这一思维来生活！"

思 考

帮助别人，是一个人最基本的品德，也是一个人融入社会这个大集体的需要。教师之间如果缺少相互关心、相互帮助的真心，那又怎么去教育学生互相帮助呢？所以，教育学生要互相帮助，教师自己首先应该要互相帮助。

1. 帮助老同事，乐于采纳他们的看法

老同事相对来说，积累了丰富的经验，但因为年龄关系，对一些新鲜事物接受较慢，如电脑的使用对他们来说是很困难的，不妨在他们需要的时候伸出你的援助之手。同时我们要善于聆听老教师的意见，从他们的成败得失里寻找可以借鉴的地方，这样不仅可以帮助我们少走弯路，更会让他们感到你对他们的尊重。

2. 帮助新同事

新同事对手头的工作不熟悉，他们希望得到你的帮助，但心有怯意，不好意思向别人请教。在这种情况下，我们要主动地帮助他们。在他们最需要帮助的时候伸出你的援助之手，往往会让他们铭记终生，打心眼里感激你，在工作中也乐意配合你和帮助你。如果你不把新同事放在眼里，在工作中不尊重他们的意见，也会招致他们的反感，让你的工作很被动。

3. 帮助别人成功，适当让"利"于人

有一些人与同事关系不好，主要是自己过分计较自己的利益，老是争

求种种好处，这样也会让同事反感，更无法得到大家的尊重，而且他们总是有意和无意中伤同事，最后使自己孤立。而事实上，这些利益未必能带给你好处，反而弄得自己身心疲惫，并因此失去了良好的人际关系，真是得不偿失。

28 尽可能帮助困难的同学

个人的力量总是单薄的，一个人无力去解决生活中的所有问题。任何一个人都离不开他人的帮助。常言道："一个篱笆三个桩，一个好汉三个帮。"人与人之间的交往是一种平等互惠的关系，也就是说，你对别人怎么样，别人就会怎么样对你；你帮助我，我就会帮助你。正所谓"投之以桃，报之以李"，一个人只有大方而热情地帮助和关怀他人，他人才会给你以帮助。所以你要想得到别人的帮助，你自己首先必须帮助别人。

在一个班级里总是有一些生活上比较困难的学生，比如那些下岗家庭的孩子、进城务工人员的子女、单亲或者离异家庭的孩子，都有可能在物质条件上不是那么宽裕。而身为老师，一定要特别关注这部分学生的生活和学习，应该及时伸出热情的双手，积极为他们排忧解难，免除他们学习的后顾之忧。

案例

张宏生是黄花店镇初级中学九年级政治教师，兼9、2班班主任。不久前，细心的张老师发现班上一名叫刘晓艳的学生情绪低落。

在班上，刘晓艳是个懂事的学生，而且学习成绩优秀。前不久，一向快言快语的她，却少了往日的活泼。张老师当即找到刘晓艳了解情况，再三询问后得知她父亲因病刚刚去世，家里为了给父亲治病借了数目不小的

外债，这使得原本收入不高的家庭更加困难。那几天正好是预交书费的时候，刘晓艳不想再加重家里的负担，可她实在不想离开学校，离开关心自己的老师和同学们。所以她每天都处在矛盾中，显得心事重重。

张老师得知这一情况后，不仅主动为她预交了二百元书费，还及时与学校取得联系，了解有关减免政策，经过多方努力终于在社会上为刘晓艳争取到五百元助学基金。同时在课余，张老师还耐心地为她补习落下的功课，做好她的思想工作，这使刘晓艳重新树立起生活和学习的信心，为实现自己心目中的理想，和同学们一起克服困难，努力学习。

思考

对于家庭困难的学生，教师应更亲近他们，鼓励他们，用爱点燃他们的心灵之灯，使其幸福地成长。

我国教育家夏丏尊说："教育之不能没有爱，犹如池塘之不能没有水。没有爱就没有教育。"可以说，帮助别人，永远是教育的真正内涵，而特殊学生更需要帮助。唯有爱，才能填补他们情感的空缺；唯有爱，才能修补他们心灵的困惑；唯有爱，才能点燃他们心中的希望。

29　惩罚也要讲究艺术

一次成功的"惩罚"，可以让一个人受益一生、感谢一辈子。好的惩罚，等同于接受一次阳光的洗礼与照耀。

我国教育界也有这样一种说法：惩罚不是目的，只是手段，目的是教育人。但到底该如何惩罚孩子？这是多少教师及父母感到疑惑的问题。庄稼一拔就高，但断根死掉了。同样，孩子一打就好那是假的好，孩子在恐惧中学习，是取不了什么好的效果的，这样的学习好，是以牺牲孩子的学

习兴趣为代价的，只能让孩子因害怕而没有后劲。那么，该如何惩罚孩子呢？这确实是值得我们深思的一个问题。

案例

英国皮亚丹博物馆收藏了两幅画：一幅是人体骨骼图，一幅是血液循环图。这是一名小学生的作品。这名学生在上小学时，跟几个同学偷杀了校长的狗，把内脏割离进行观察。校长知道后十分恼火，但他从这位学生不当的行为中看到了积极的因素，孩子犯错误是由于好奇心，而好奇心往往是孩子探索奥秘的动力。于是，他想出了一个既使这位学生知错改错而又保护其好奇心的方法，"罚"他画一幅血液循环图。这位学生知道这是校长恰到好处的"惩罚"，便将"剖狗"的血液循环情况绘成图，博得了校长的赞赏，而这位学生也深知其错，向校长认了错。这位学生就是麦克劳德，后来他成了一位有名的解剖学家，这得益于校长对他小时候好奇心的保护和引导。如果当时麦克劳德受的不是这样的"惩罚"，那他的好奇心和自尊心自然受到损伤，甚至贻误一生。

思考

麦克劳德的校长这样"一箭三雕"的惩罚方法确实发人深省。

是的，惩罚不是目的，它更多时候是一种提醒，一种尊敬，一种信任，更是一种美好的深刻的爱。如同一朵玫瑰的形象，刺扎人，但花香更加迷人。

所以说，最残酷的伤害是对一个人的自信心的伤害，最大的帮助是给人以能支撑起人生信念风帆的信任和赞美。我们的老师和家长，在惩罚孩子时，不论孩子现在是多么的"差"，必须保护孩子的自尊心和好奇心，引导他们的兴趣向正道发展，要多鼓励孩子，并善于鼓励孩子，充分树立起他们的自信，在人生的长河中做到信念永存，脚踏实地，使孩子一日受教，终身受益。

30　积极参与课题研究

专家型教师与一般教师最大的不同之处在于：专家型教师必须掌握一定的从事科学研究的知识和方法，具备一定的科学研究能力，即他们必须具备一定的科研素质。只有科研素质的提高，才会有科研质量的提高，才会有教学质量的提高，教学活动才能真正显示出旺盛的生命力。

专家型教师首先应具备一般教师所具有的素质，同时专家型教师要参与教育科研工作，要成为研究者，不能只是停留在"知识传递者"的角色上，而是自己在实践中进行研究和探索。

专家型教师应具备有求知欲、主观能动性和自学愿望，有合理的工作方式的知识，有演绎、归纳和类比的能力；在进行一项活动时具有确定其不同阶段所必须遵循的逻辑顺序能力；有形成和修改假设，拟定观察计划或实验计划以及理出事实与现象之间联系的能力；有对收集到的数据材料能够加以处理，使之系统化，并且予以说明，从而得出结论的能力；有独自作出具有科学根据的决定的能力；有清楚、确切、简洁的表达能力。

案例

下面是一位老师就如何选择研究课题给出的建议：

教学，没有开创性的研究，它将是低效重复，没有生机和发展；作为教师，不会研究、不去研究，要么影响学校的前途，要么自己的前途被学校影响。许多教师确实萌动着申报研究课题的想法，但他们还存在着困惑与茫然：课题在哪里啊？我申报什么课题呢？

课题从何而来？课题如何选定？实际上，课题与问题是分不开的，一项研究课题，往往就是围绕一个或几个问题而进行的，要么是对一种理

论、理念的验证、实践研究；要么是对一种经验及方法的推广、应用研究；要么是对某种方式、手段的探索、尝试研究；要么是对某个问题解决的行动研究。所以，我们可以把发现问题与选定课题结合在一起。以下思路可以助您一臂之力：

1. 联系当前的教育思想、教育理念，总结问题，选定课题

推进以培养学生创新精神与实践能力为重点的素质教育是当前教育的主潮流，国家对课程政策的变化、学校课程决策自主权的下放反映了教育改革的进一步深化，而最近所倡导的以转变学生学习方式为中心的教学改革也正在成为最新的教育热潮，从这些教育思想与教育理念出发，联系当前的教育实际，就不难总结问题，选定课题。

2. 联系学校的办学方向、特色及工作重点，寻求问题，选定课题

每所学校都有自己的办学方向、学校特点及工作重点，每所学校在不同阶段也会有特殊的情况出现，以此突破口，也不难寻找到合适的问题，并由此来选定研究的课题。

3. 反思自己的实际工作，发现、提炼问题，选定课题

我们每个人在学校工作中都独当一面，很多教职工所做的工作都是开创性的，我们的心也操了，汗也流了，为什么不把它的价值充分体现出来呢？因此，在这种情况下，我们可以采取一箭双雕或一箭多雕的方案，只要对我们的工作认真地反思一下，就不难提炼出问题，选定有价值的科研课题。

4. 变换考察的角度，审视问题、选定课题

在现实当中，有时对于同一个事物，从不同角度看，就会有不同的问题；而对于同一个问题，从不同角度考察，也会提出不同的解决策略与方案。所以，我们在寻求问题、选定课题时，不妨多方面考虑，多方位审视，有时从一个角度思考似乎没有什么问题或不能申报，但从另外的角度却可能发现很多问题，并从中选定研究的课题。

思考

教师不仅处于最佳的研究位置，而且还拥有最佳的研究机会。教师最

主要的活动场所是教室，从实验研究的角度来看，教室是检验教育理论的理想的实验室，教师可以通过一个科学研究过程来系统地解决课堂中遇到的问题，这就使教师拥有研究机会。从自然观察的角度看，教师是最理想的观察者，因为教师本来就置身于教学中，对于教学活动，不是一个局外人，可以是掌握观察的方法，了解观察的意图而又不改变原来课堂教学情景的最佳人选。

另一方面，在新课程的实施中，教师既是课程的实施者，同时又是课程的研究者。这就要求教师运用自己所有知识对自己的教育实践经验进行多层次、多角度、多学科的分析，以便对自己的实践有一个理论上的理解或解释，并发现其中的长处与不足，为以后的改进做好准备。校本课程开发要求教师作为一个研究者的身份进入课堂教学实践，并成为一个对自己实践不断反思的"反思实践者"，这是鼓励教师参加到课题研究中去的重要因素。

课堂教学篇

31 提前三分钟进教室

教师踏着铃声进教室已成为习惯。如果此时教师的心态是消极的,将会直接影响教师自身水平的发挥,同时也影响学生的学习情绪,从而影响课堂教学效果。如果此时教师的心态是紧张的,那么,教师进入课堂就会产生心慌意乱之感,教学程序就有可能发生混乱,造成课堂失控,甚至出现明显的失误。就算此时教师的心态是平静的,学生的表现也有可能打破教师平静的心态。如:课间十分钟,有部分学生可能玩一些过于兴奋的游戏,学生把这种兴奋的情绪带入课堂会直接影响教学效果;再如:学生会进行耗时较长的活动,这种活动有时会延续到上课铃响,相应的游戏心情还会在课堂持续。此时,教师还能去平静地上课吗?据专家的经验:教师提前三分钟进教室最为合适。原因何在?

第一,这是对学生进行个别指导和分组教学的良机。此时学生的问题往往是课堂上没有解决,作业中仍然存在,或者预习中新发现的问题,千差万别。这些问题往往因为不具有共性,在课堂上不易解决,或者要解决起来会占用和浪费大量宝贵的教学时间。这种对一个或者一群学生有针对性的讲解和帮助,对于照顾学生差异有不可替代的作用。

第二,有助于形成学生良好的学习习惯。我们经常告诫学生:课前要预习,课后要复习,上课要认真听讲、认真做笔记。可是,如果我们对于学生预习、复习和笔记中的问题不提供即时有效的帮助,那么学生就会慢慢失去坚持这些良好习惯的信心和兴趣。

第三,能够发现学生学习中存在的缺陷并及时引导其进行矫正。当我们发现在课堂上反复强调的东西,学生没有掌握,那么学生如果不是没有认真听讲、认真做笔记,就是理解发生了偏差或者学习方法不当。我们可以通过对学生的"反问"来找准问题的症结,引导学生及时改正错误。

第四，有利于了解学生的思想动态。我们提前进教室或者推后门离开教室，眼睛不应该仅仅是盯着教学、盯着书本、盯着成绩，更要关心他们的思想、生活、学习、情绪。有人说写文章"功夫尽在文章外"，其实教学有时也是"功夫尽在课堂外"。了解学生的思想动向，加强教育的针对性，对于我们的工作是绝对必要的。

第五，缩短心理距离，融洽师生关系。空洞的说教，粗暴的指责往往把师生关系引向对立，而看似无心的闲聊却往往能够收到"以心换心"的效果，会缩短师生之间的心理距离，使教师产生强大的亲和力。

第六，可进行教学设备检查。如：粉笔够用吗？黑板擦干净了吗？电脑、电视正常吗？录音机响不响？等等，这样会避免上课时许多不必要的麻烦。

第七，有利于调整教学心态。教师可利用这几分钟及时进行情绪自我调控，控制消极情绪，以饱满的精神、欢快的情绪投入教学。

案例

下面是姚卫芳老师对提前三分钟进教室的感触：

小学生都活泼好动，尤其是课间，一到下课时间，我们就可以看到校园活动场地上，挤满了学生，有做游戏的，有谈笑的，有聊天的……短短的课间十分钟，他们却能玩得不亦乐乎，以致很多学生听到预备铃后还不能立刻静下来全身心地投入到教学活动中。

在我教学的几年中，我发现每节课开始的几分钟，老师往往会因为学生的不安分、精神的不集中而无法按照计划很好地开展教学活动，有时甚至会因此而对学生发脾气。今年我所教学的两个班级都在四楼，虽然大多数学生不再像以往那样到校园里玩耍了，但课间的兴奋情绪还没平静下来，同学之间还在交谈，上课要用的书本、文具等都没准备好，更不要说在教室安静地等待老师的到来。

为了让学生能更好更快地投入到教学中，也为了能更好地了解学生，这学期我尝试着提前三分钟进教室，学生看到我进教室了，就会很自觉地准备好英语课上要用的学习用品。利用这三分钟我也可以到学生中去与他们交谈，及时地检查他们的预、复习工作，也能更全面、更细致地了解学

生们对已教授知识掌握的情况。学生也乐于和我谈教学之外的事情，这就拉近了我和学生间的距离，我能很好地知道他们在生活上、学习上碰到的困难或困惑，并及时给他们帮助。这些对我的教学教育工作很有帮助，对于刚做班主任的我来说，也就可以更好地管理班级，形成良好的班风。

思 考

师生之间一般需要经历"接触、亲近、共鸣、信赖"四个步骤，才能构建起亲密无间的关系。在平时的教学中，师生接触难免存在有隔阂之感，学生也难免对老师存有敬畏心理；在学习生活中，学生想说而不敢说，老师欲知而不得知，造成了师生间的生疏感、距离感，必然影响课堂教学效果。

"提前三分钟进教室"可以促进师生和谐相处，上述案例中姚卫芳老师充分利用上课前的三分钟，和学生攀谈，了解学生学习上的困难以及对老师上课的意见，这样做不但有助于完善教学工作，还能增进师生友谊，使师生之间像朋友一样交流。

提前三分钟进教室，使老师和儿童打成一片，让学生更容易亲近老师、信赖老师，引起师生情感的共鸣。这是一个从接触到信赖的过程，有益于教学相长，把学生引上学习与进步的成功之路。

32 不可忽视课前准备

当前，对于课前准备，许多教师还存在认识的误区和偏差。误区在于，认为课前准备就是提前写好小黑板、投影片，制作好必要的课件，准备好必要的教具、学具等等。偏差在于，对课前准备的重要性认识不够，过分关注和依赖课堂的生成，以为课堂教学的有效性只取决于课堂的组织

实施环节，课堂教学的精彩只取决于教师的临场发挥。其实，这些都是教师对课前准备认识不足，从而轻视、甚至忽视了课前准备的结果，导致的直接后果就是课堂浪费。

课堂浪费现象分为两种：一种是显性的，比如上课推迟时间进教室、课堂上教师随意重复讲解等；还有一种是隐性的，它不直观，不感性，不易被人发觉，危害极大。其主要表现在对课的重难点把握不准，时间没有用在点上，还表现在课堂的教学形式、学习方法、教学语言等方面，比如：组织不必要的动手实践活动，课堂提问的指向不明，教学语言随意性大等。长此以往，就留下一连串的后遗症：课后加班加点补课、补作业。占用学生课余时间不说，长期如此，还会影响学生的学习兴趣。

课前教师的自身准备除了指具备其本身的有关学科知识方面的素养、有关学科的教学方法等这些基本素养外，更重要的是指对教材的把握，对课堂的设计，这是课前准备的核心工作。教师引导下的学生准备是指由教师安排的知识准备、心理准备和学习物品的准备。

案例

听过全国著名特级教师王裕舟的《长相思》后，很多人都惊讶：王老师在上课之前连教案也没有，但课却上得非常精彩。这是因为，王老师尽管没有写教案，但他课前已是成竹在胸了。

他说：自从接到任务后，一直在思考，一直在琢磨，做了大量的准备工作：第一，写文本细读，把所有的感觉都写下来，写了大量旁批。第二，研究了纳兰性德的生平；第三，查找大量的资料，认真研读了朱光潜的《诗论》、朱自清的《诗论》，到最后想法很多，思路很多，感受很多……对于王老师来说，教案只是一个外在形式，而关键在于他内心的隐性准备已成竹在胸，那么，精彩的生成当然不在话下。

思考

那么，怎样进行有效的课前隐性准备呢？

1. 要钻研好教材。一方面要"钻"进去，另一方面要"钻"出来。所谓"钻"进去，就是钻研教材，要有一定的深度，掌握教材的要求、重点、难点，从而安排课时、解决问题，并根据学生的认知能力和可接受能力，做到由易到难，由特殊到一般，由具体到抽象，较好地把知识传授给学生；所谓"钻"出来，就是使学生以学习的主人来评价自己应用知识自如与否，解决具体问题灵活与否。不过，要"钻"出来，必须要学生"钻"得深，不然是达不到理解的目的的。

2. 在备课中要注意寻求知识的认知规律，并得以融洽地结合，使知识学习和能力培养、素质发展得以同步向前发展。注意教学中要反映知识间的联系和规律，因为世界上各种事物的内部和外部都存在各种各样的联系，人类归纳、总结这些联系和联系中的规律就得到了知识结构。注意知识之间的联系，有利于学生牢固地掌握知识，并有助于养成从联系的角度思考问题的习惯。

3. 要认真写好备课笔记，注意记好教学中突出重点、分散难点、夯实基础的要点，做到成竹在胸。

4. 针对一节课所要解决的问题，思考解决这个问题的方式和方法：从哪几个方面入手，哪几个环节深入，哪几个问题引出，教学中哪个环节会出现意外，面对意外该如何处理，等等。

其实，教师要上好一堂课并不难，只要课前关注细节，关注隐性备课，人人都能上出好课，都能让课堂发挥出生命的活力！

33 走下讲台去授课

我们常常看到这样的情形：教师整堂课都站在讲台上，一边讲一边板书，教师累得满头大汗，讲得口干舌燥，但是课堂效率却很低。其实，如果当你讲得口干舌燥之时，不妨停下来，走下讲台，看看你的学生在做什

么，你一定会发现，有些学生在搞小动作，当你走下讲台来到他们身边的时候，他们会动作麻利地收起来，并趴在课本上装模作样地看书了……这样的课堂效率究竟有多高呢？

如果每节课，我们都能走下讲台站到学生中间去，边讲课边观察调控学生的学习行为，又会是什么情形呢？走下讲台，你会发现，你和学生之间的距离拉近了，你可以不时地敲一下走神的同学，可以轻声细语地鼓励一个学生把问题回答完整；走到学生中间去，你会发现有的同学写字很潦草，这时你可以和蔼地拍一下他的肩膀，告诉他写字要工整……走下讲台，到学生中间去，你很快就会发现，你的课堂正悄悄地发生着变化：捣乱的学生少了，认真学习的学生多了，不爱回答问题的学生也举手发言了，学生学习的积极性更高了，课堂纪律也好转了，这时，你也不需要提高嗓门讲课了。

案例

近年来，随着"校本教研"理论由上至下地提出与贯彻深入，起初，我感到了茫然。学校为了让"校本教研"工作更具自身的实践性与实效性，建议让每位教师制订自己的子课题。经过思考，我结合课堂与学生的现状，就制定了"如何让学生爱上语文课"这一小课题。但如何去实施它，又成了难题。我先后翻阅了许多杂志报纸，渴望能有所启发和受益，结果是，在茫然中又增添了一头雾水。报纸上专家们的许多观点都是围绕"学生是课堂的主体"、"教师走到学生中去"、"教学就是平等的交流"……这些观点的提出都很新颖，也很适时，但"如何让学生成为主体？""教师怎样才算走到了学生中？怎样才能走到学生中？""师生的平等怎么才会体现出来？具体的做法是什么？"都只是泛泛而论，点到为止，不能与我们的实际相联系，这些话题也就成了我经常性思考的问题。

在百思不得其解中，我所制定的子课题也就像陈年旧事一样，被束之高阁了起来，也只有在应付检查时才拿出来，被"观瞻"一番。

学生的成绩还在那样下滑，学生的厌学仍是那么高涨。对此，我已经有些束手无策。在一次课堂上，课文内容是《归园田居（其三）》，在讲到"衣沾不足惜，但使愿无违"时，我结合作者陶渊明的生平进行了进一步的阐

述。偶然间，我走下了讲台，开始在教室里巡回式地演讲，在近距离的观察中，我突然发现在座的学生竟是如此可爱，他们的双眸竟是那么清亮，我感觉到了学生的专心致志。不知不觉，我融入到了课文中，与陶渊明在"出仕与归隐"中徘徊……当我讲完时，我回过神来，发现教室里变得鸦雀无声，随后是学生们的热烈掌声。这时，我再看我所站立的位置正好是教室的最中间，离每位学生都是最近的距离（与以前相比）。接下来，那节课，在学生的热烈参与中圆满结束了，那堂课由短短的一首小诗，却引发了许多学生的多种人生话题。那节课，我和学生都感到了轻松与快乐。课后，我经过反思，在教学后记中写下了这样一段话："走下讲台，相信学生。给学生以微笑，学生会给你笑容；给学生以真心，学生会给你真情；给学生以乐趣，学生会给你快乐。铲平讲台，走入学生，近距离才是最美最好。"

思 考

走下讲台不仅仅是观念上的更新，更是教师角色的一种转换，在营造的师生平等、亲切的课堂氛围中，学生能够轻松愉快的学习，这样的课堂效率想不提高都难！

走下讲台，对教师的要求也相应地提高了，它需要教师熟悉教材，充分备课，驾轻就熟地指导学生质疑问惑，这是一种对教师教学能力的考验，也是教师应该养成的教学习惯。

34 课堂要立规矩

儿童的天性是好动、好说、好问，有人一刻也坐不住，尤其是低年级的儿童，所以一定要给他们立规矩。立规矩，就要和学生约法三章——上课应该怎么做，不能怎样做，违反了，老师要怎样处分等。

要说明的是，立规矩与尊重个性并不矛盾。个性的形成有个过程，也得有一定的空间，而规矩是建构一个有序空间的基石，是良好个性形成的前提；反过来，良好的个性，又为规矩的健全与实施创造了条件。毕竟课堂是进行教学的场所，为了保证教学活动有条不紊地进行，必须有一个统一的课堂规范，并使其固定化，具有相对稳定性。积极、正向、有序的课堂规则能规范课堂行为，维持课堂秩序。

课堂规范一旦形成，就对集体成员产生了普遍的约束力。但只有在学生清楚地了解并理解这些规范的基础上，他们才会自觉地遵守规范。因此，从学生入学时起，教师就应该让其了解规范及其必要性，使学生在正确认识的基础上逐渐形成符合规范的行为习惯。也只有学生在自觉地将规范内化为自己的信念的一部分时，规范才真正具有约束力。

案例

教书这么多年，我认为，要让学生形成"规则意识"，就要在课堂上订立规矩。

一、用"规则"管，形成"规则意识"，固化良好习惯。

要让学生明确知道什么该做，什么不该做，该怎样做。下面以课堂学习行为规范的养成为例进行说明。

1. 铃声意识要具备

（1）下课铃后准备下节课学具。

（2）预备铃后开始预习功课。

（3）上课铃后心神投入课堂。

2. 课前准备不可少

（1）书包整理有规律。

（2）书具齐全，不传借。

（3）知识复习不忘记。

3. 一言一行现修养

坐如钟，立如松，行动迅速像阵风。

读书响、问候甜、举手积极、发言亮。

4. 学习多半靠听课

眼盯老师，记笔记、回应问题莫怕错。

以上规则的制定属于原则管理，属于情感态度价值观的范畴，在给学生每一个规范要求之前必须让学生明白其中的意义。尤其对于初中高年级的学生，随着自我意识的觉醒渐渐步入"挑战规则"期。如果不能认同规则，就有可能意味着抵触。所以每一项规则的提出要尽量遵循以下程序：

1. 适时而提，在需要时提出。
2. 经过学生的理解、消化后提出。
3. 在实践中不忘修改。
4. 规则一旦提出严格执行。
5. 规则推行后定时、适时反馈学生情况。

二、靠"学生"管，提高"自育能力"，形成良好班风

学生管学生，效果虽然不如老师亲自管理立竿见影，但是从学生长期的习惯养成、自育能力的提高来说效果更为明显。比如，班级推行"值日班长制"，每天由值日班长进行记录，点评，管理（内容即为班级规则）。开始学生可能不以为然，但是当每个学生都管理过"眼保健操"后，当每个学生都因此受到班级表扬或批评后，班级眼保健操的质量自然会出现变化。具体要注意以下问题：

1. 分工具体、明确，保证每一项规则都有人负责。
2. 老师的想法多与学生商议，指导、授意学生去做。
3. 树立骨干威信，引导学生"教育"学生。

同伴的影响作用是巨大的，良好的班风一旦形成，班级中的个例自然会不知不觉被"消化"掉。

思 考

这里，有些问题需要略作说明。

首先，规矩的设立宜宽不宜严，宜活不宜死。要充分考虑孩子的特点，要结合孩子的实际，要为孩子的健康茁壮成长提供广阔的空间，要有孩子们自由施展自己的聪明才智的舞台。而且应该因人而异，因时而变。

当然，有了规矩，不等于就立了规矩。将规矩变成孩子们的自觉行动，融入孩子们的学习生活中，需要做艰苦细致的工作，太急了不成，过于严厉效果也不一定好；太缓了不成，过于温和恐怕也难以实现预期的效果。这里需要教育者的爱心、细心、耐心，更需要教育机智、教育智慧、教育艺术。

其次，对所谓的个性也应该具体分析。个性中也不能排除消极的因素，有时候具有个性、个性飞扬也不一定是好事。比如"倔强"、"争强斗勇"、"固执"、"急躁暴躁"等在许多时候对个人对社会都具有不同程度的消极影响。所以，我们不能也不应该视个性为神圣不可侵犯，更不应该以所谓的保护个性的名义视规矩为洪水猛兽。

自然，个性不容忽视不容扼杀，但总不能一味地放任自由，总不能令其天马行空毫无约束，总得为个性的培养设立适当的边界。就课堂来说，理想的状态是轻松愉快、自由民主、收放自如。但是如何才能收放自如？必须有规矩作保证。讨论是可以的，争论也是允许的，但是一堂课有一堂课的任务，信马由缰总是不好的。如果是各吹各的调自行其是，如果是闹哄哄的如同进了自由市场，就谈不上什么教育了。

35 杜绝教师一言堂

新课程改革给课堂教学带来了一股清新之风，教师秉承"以人为本"的教育理念，走下了神圣威严的讲台，走进了学生中间，学生有了充分发表自己见解的时间和空间。但我们也应该清醒地认识到，在日常课堂教学中，在热闹的、频繁的师生互动中，尤其是在处理预设性问题与生成性问题的关系中，由于种种原因而导致的教师课堂一言堂现象依然存在。

一言堂的存在不仅会伤害学生学习的积极性，而且还会给师生关系带来消极影响。很多学生会认为老师说一套做一套，嘴上鼓励大家说出自己

的观点，行动上却不支持不同的观点，扼杀大家的创新思想，这样会在很大程度上降低教师的威信。

案例

以下是著名教育家、辽宁省盘锦市教委主任魏书生向盘锦市的全体中小学教师提出的每天做到的课上十条要求：

1. 每堂课的教案要有备课组长审查签字方可使用，培养教师特别是青年教师认真备课、精心钻研教材的习惯。

2. 每堂课至少设计三类不同的教学目标，让学生根据自己的实际情况选择学习目标，使好、中、差学生都运作起来。

3. 每堂课至少有十名学生的发言活动，抑制教师上课一言堂。

4. 每堂课教师至少给学生十分钟的自由活动时间，让他们对所学知识进行消化、吸收，同时培养学生独立思考和独立解决问题的能力。

5. 处理课堂上的偶发事件不能超过二十秒，教师要学会对问题的冷处理。

6. 一堂课，教师纯讲授时间不得超过二十分钟，把较多的时间留给学生自己。

7. 一堂课讲完，提倡学生做课堂总结，教师应虚心听学生听课的感受和对教师授课的评价。

8. 一堂课要留有三种不同类型的作业题，让学生按照自己的学习情况选择完成。

9. 一堂课完成后，不要马上离开教室，要利用课间和他们聊聊天、谈谈心，获取一些反馈信息，交流一下师生感情，拉近师生关系。

10. 写好教学后记，教案讲完了，要写上一句话总结一下成功在哪里、失误在何处，做到天长日久，持之以恒，连珠成串，这样写能受益匪浅。

思考

案例中的十条要求可以说很好地杜绝了教师的一言堂。教师一言堂也

严重违背新课程教学的新理念。新课程明确指出：课堂教学是教师帮助和引导学生自主认知、经历、体验并获取知识的过程，教师和学生之间是合作、协作的关系。我们的课堂要达到学生敢想、敢说、愿意想、愿意说，教师要允许学生有不和谐的声音，不能再搞一言堂。"教室就是允许学生出错的地方。"每个孩子也都有提问、发言的权利。只有在这样的课堂环境下，学生的学习方式才能真正改变。

36　课上要学会倾听

在教育过程中，老师的说与听是同等重要的，从某种意义上说，听有时比说更重要，可在现实中，教师的语言充斥了整个课堂，甚至充斥了师生交往的所有空间。我们要学做一个具有倾听意识和习惯的老师，学会给孩子留足表达的时间，学会带着朋友般的热忱与亲切来聆听学生的倾诉；善于触摸孩子情绪的温度，善于听出弦外之音、言外之意；能发现谬误蕴涵的新奇，琐碎中寄予的真切，荒诞中包含的合理，我们就一定会听到孩子思想抽穗、情感裂变、知识拔节的声音。

倾听有利于教师建立良好的师生关系，倾听有利于调动学生间的思维碰撞。教师只有善于倾听学生，适时调节自己教学，才能扮好自身的角色；只有善于倾听，才能正确判断学生在想什么，为什么会这么想；只有善于倾听，才能正确地判断出学生对知识的掌握程度，才能够对症下药，教学效果才能够真正地达到预期的效果；只有善于倾听，才能在学生回答不正确、语言表达不清楚的地方予以及时指出、正确分析。

案例

多去倾听学生的心声，就多保护了一次学生发言的积极性。记得在陶

渊明的《五柳先生传》一文教学即将结束时，我结合课后练习，让学生思考讨论："你喜欢'五柳先生'吗？"军峰同学说："我不喜欢五柳先生。理由是五柳先生这类人不适合当今社会，会被社会所淘汰；他不敢面对生活，采取逃避的方式来对待。我认为这是没有竞争意识、不负责任的表现，所以我不喜欢。"他的解释让我耳目一新。于是我肯定了他的说法："军峰同学的想法非常不错，能够结合生活实际谈自己的感受，这一点是很值得大家学习的。"

我的话音刚落，林超同学也站了起来说："老师，我喜欢五柳先生。理由是五柳先生的名字中有一个'五'字，这'五'字是现在的世界足球明星的球衣号码。并不是我崇拜明星，也没有将他将作为我的偶像，但他那种在球场上敢于拼搏、敢于表现自己的精神却深深感染了我，我也因此记住了他的号码，此时，我又见到了这'五'字，倍感亲切，所以我喜欢五柳先生。"他的回答更是让人出乎意料。全体同学先是哄堂大笑，而后报以极热烈的掌声。这时我有所感悟：每一个同学都有他自己独特的想法，只要你愿意去听，去细心地感受，多给他们说的机会和言论的自由，你就会深入到他们的心灵深处，探知他们的需求和渴望，由此，你也会在教学方面收到意想不到的效果。

思 考

倾听有利于调动学生间的思维碰撞。"思维是地球最美丽的花朵"，为了发展学生的思维，教师必须不断改进教学方法，耐心倾听学生在课堂上的评价和争论，这也是重视、保护、发展学生主动性、积极性的一种教学策略。新型的学习方式意味着教师角色的转变，要由一个单纯的知识传授者转变为学习活动的积极的旁观者、有效的组织者和理智的引导者。在教学中，教师不仅要鼓励学生敢想、敢问、敢说、敢辩论，使学生形成敢思、善思的良好习惯，而且还要耐心倾听学生的发言，因为教师唯有耐心、充满爱心地倾听学生心声，才能把握学生的脉动，并敏锐地捕捉和把握住学生与文本间的差异、学生之间的认知差异，以此来促进学生思维能力的发展。

37　语言要有亲和力

教学亲和力是一种协调师生关系、激发学生创新精神、推动素质教育发展的重要力量。它贯穿于教学过程的始终，以学生为中心，与传统师道尊严背道而驰，是新课改理念下一个不可缺少的因素；反之，如果教师唯我独尊，不顾学生感受，容易引起学生的逆反心理，即使课讲得再好，也不一定有好的教学效果。

教师的亲和力在很大程度表现在他的语言上，因为言语交流是师生互动的基本方式，语言是实现这一交流的最直接的工具。具有亲和力的语言是教师开启学生心灵的门扉，是对学生进行语言训练的一面镜子。如果讲课时教师语言干瘪无味，缺乏情感、文采，学生就会毫无兴趣，听课昏昏欲睡，也就达不到语言训练的要求。

案例

为了体现自己的威严，有些老师常常用命令的话语跟学生说话，以为这样就可以让学生信服，其实，命令的话语往往会让学生产生抵触心理，而这样的心理一旦产生，师生就难以和谐地交流。

某老师在引导学生赏析张若虚的《春江花月夜》时，提出这样一个问题："'春江潮水连海平，海上明月共潮生'，诗人为什么不用'升'，而用'生'呢？"学生就这问题进行了思考，展开了讨论，几分钟后，老师请同学们发表看法，并叫了一位同学回答，但答案不是十分的完整。老师呢，心里感觉不是很满意，但并没有发表任何看法就把准确的答案说了一遍，然后用命令的口气说："还不快记下来！就按照我这种理解给我记住了！"结果大部分学生面无表情，机械地拿出笔开始记录。

《春江花月夜》是千古名篇，美不胜收，可这位老师这样教，哪有美感和诗意可言，听了他的话，学生还会有半点"奇文共欣赏"的兴致吗？他没有给学生回答问题后的讨论与点评，就用命令的话语把自己的答案强加给学生，盛气凌人，毫无亲和力。这种命令的话语，使师生间形成一道厚厚的墙壁，交流受阻，师生很难再配合。如果换成商量的话语对学生进行点拨，就会收到意想不到的效果。

在教学中，用商量的语气和学生共同探讨问题，并用"咱们"、"我们"等词语，说明答案是大家一起找出来的，使学生产生一种参与的喜悦和成就感。商量的话语，具有很强的亲和力，能使课堂形成一种和谐融洽的交流氛围。

思考

教师抱怨的话语，源自于对学生的不满，不论这种不满是有意还是无意的，都会挫伤学生的自信心，使学生产生逆反心理，也就不可能产生良好的教育效果。

富有亲和力的话语是师生和谐交流的前提。老师在上课时，如果多用商量、鼓励的话语，将使你的话语更有亲和力。希望我们从事教育事业的教师们，在课堂语言的组织和运用上换个说法，使课堂语言更有亲和力，一种小小的改变，就会有大不一样的效果。如果我们能做到这样，你的课堂又怎能不受学生的欢迎呢？

38 丰富你的表情

表情是一个人的晴雨伞，也是教师开展课堂教学的晴雨伞，是课堂中最直观，最富有生机、活力，最有魅力的教具。表情在很大程度上决定着

教师教学效果的好与坏，学生学习效率的高与低。

　　教育有别于其他行业，因为我们的服务对象正处于发展之中，我们的一举手一投足都对他们产生作用。教师积极、阳光的外部表情能使他们心情愉悦地投入学习，而这种愉悦又是可以相互传递的，会形成一个良性循环。如：教师精神饱满、神采奕奕地站在讲台上，学生由于心情愉快，接受知识快，思维也变得敏捷，能提出有用的问题，并能积极解决问题，这反过来又对教师产生积极的影响。这样一来，教学目标的达成度就高。相反，如果教师带着一副沮丧的表情，或者是走进教室看到不顺眼的事情就大发脾气，大声训斥学生，他们一个个心理紧张，不敢吭声，教室就真的成了教师唱独角戏的舞台了，而且绝对是"顶着大鼓唱戏——费力不讨好"，这在很大程度上影响着教师自身能力的发挥，昨日的备课及教学设想难以得到正常发挥，教学就只能是照本宣科。

　　马卡连柯说过，他是在直到学会了用15到25种语调说出"走过来"这句话，学会了在面部、体态、声音上表现出30种不同的情调之后才成为真正的教育能手。作为老师，我们该用什么样的表情来面对学生呢？太过严肃的表情让学生敬而远之，课堂气氛也因此会紧张、沉闷起来。眉飞色舞的表情，看似生动亲切，但却有夸张做作之嫌，又容易让学生"走神"。太过花哨的表情容易分散学生的注意力，盖住了学习本身的精彩。所以，教师的表情应适中而不夸张，应贴近本节课的教学内容，并根据教学过程及内容的变化进行相应的调整和变化。该严肃时则严肃，该舒缓时则舒缓。

案例

　　在一次与孩子们闲谈"表情"的话题时，孩子们给了我这样一个信息，他们说："徐老师，你也有很多很多不一样的表情。""真的吗？"我好奇地问，"那么我到底有哪些表情呢？"沁沁说："你有亲切的表情。"阳阳说："你有可爱的表情。"航航说："你有顽皮的表情。"豪豪说："你有鼓励的表情"……听着，听着，我知道了，这帮小家伙正用他们"拍马屁"的赞赏语言夸我呢。正当我被他们的花言巧语弄得"晕乎乎"时，冒出了

这样一个声音："你有很凶很凶的表情。""嗯，是谁呀，谁这么大胆当着我的面说我凶。"我瞪起了大眼睛，寻找这个声音的来源，只见马文静低着头一动也不动。我走近她问："是你说我凶吗？"她抬起头仍然坚定地点了点头。这时其他孩子维护我的声音又响了起来："那是你自己不好，如果你每天都很乖，老师会对你凶吗？""对呀，你自己上课不动脑筋，老师布置的作业从来不完成，老师当然要对你凶啦！"……孩子们你一句，我一句地为我辩解着。我也用得意的表情看着她，就好像在对她说：这下，你没话说了吧。可没想到的是，马文静伤心地哭了起来，一边哭一边还不停地说着："你们都不喜欢我，你们都不喜欢我……"这时我才想到我老师的身份，我蹲在她的身边，亲切地对她说："小静，如果你以后改正小朋友们刚才给你指出的不足，老师的表情就会变得和蔼可亲，变得能让你看到是在鼓励你，表扬你，好吗？"她点了点头，虽然仍然控制不住自己的哭声，但眼神中明显有了几分高兴。

马文静是一个习惯很差的孩子，就像其他小朋友说的那样，她一点也不会控制自己的行为。现在回想起来，很多时候我给她的表情的确总是凶凶的，很少有鼓励、赞赏和表扬的表情，也可能这样更加让马文静失去了信心。的确老师的表情可传递多种信息。如：鼓励的、赞赏的、期待的等，但是对待像她这样的特殊孩子，我到底应该用怎样的表情去应对呢？我想，在对待每件事情的时候，我都应该摆正我的态度，不能因为她平时的不良表现而始终给她一种表情。表情是多样的，但表情也是重要的，恰当地使用表情也是一门学问。

思考

教师的一次凝视，一个微笑，握一下手，摸一下头，拍拍肩膀，弯一下腰等都可以达到"此时无声胜有声"的效果。不过，教师表情的运用也有一定的要求：

1. 准确

教师要让自己的内心活动与外在表情相一致，面部表情的变化既要符合教学内容的要求，又要与教育的意图吻合。教师要避免言行不一，"愤

怒显喜色，哀痛露笑容"会导致学生惊疑不安，无所适从。要避免这种情况，就要求教师必须深入体会教学内容，真正进入角色。

2. 自然

教师的表情要讲究自然，保持日常生活中的自然性，而不必追求演员式的表情。教师只有运用真实的表情，才能赢得学生的充分信任。

3. 适度

教师的表情变化不可过分、过频，要恰如其分、恰到好处。假如某个学生在课堂上有错误行为，教师可以表示出不高兴、不满意，但不能横眉怒目、暴跳如雷、高声呵斥，否则的话，全班学生都会扫兴。

4. 温和

教师课堂上表情温和、平易、亲切时，师生之间心理距离就会缩短，学生思维就活跃，接受信息速度就快。反之，如果教师面孔冷漠，则会使学生产生惧怕心理而妨碍师生的感情交流，阻塞学生的思维，从而给学生心理和学习带来不良影响。

5. 用笑说话

人的感情丰富多彩，笑也气象万千。不同的笑代表不同的意义。教师应学会用不同的笑去表达不同的心理。当教师笑容满面地走上讲台，环视四周，学生就会受到这种笑意的感染，心情很快安定下来。如果教师每堂课都能用笑开头，用笑结尾，那么一定会给学生留下美好的印象。

39 尊重学生的创新思维

前苏联著名哲学家别林斯基曾说过："年轻的时候应该追求那种叫做虚幻的东西，不能过早地把人培养得太现实，要敢于做梦。"我们的老师要帮助学生推开梦想的天窗，打破正确答案只有一个的壁垒；培养学生的发散性思维，帮助学生扬起探索的风帆，鼓励学生标新立异。重视学生身

上哪怕是十分微弱的思想火花，使学生的个性自由而和谐地发展，让每一个学生都呈现出生命的五彩缤纷。

法国著名哲学家让·保罗说：想象力能使一切片段的事物变为完整的整体，使缺陷的世界变为"完满的世界"。在美国，也有这样一句口头禅："没有做不出来的东西，只有想不出来的东西。"而我们传统的学校教育的行为却一直在错误地表明：学生的个人精神生活是无用的，不少教师在学生刚有一些超乎寻常的想法时，便"一棍子打死"。"棍子"下的学生如同一只只被剪掉翅膀的天鹅，从此只能拘泥于公园那人造湖中，再也不能在蓝天上自由飞翔了。正如美国著名教育家尼尔波斯特曼所批评的："孩子们入学时像个问号，毕业时却像个逗号，这只能说明是学校教育的失败。"

学生时代本应是做梦的时节，要放飞孩子的心灵，不仅要帮助学生缓解心灵的压力，还应积极努力，教会学生"做梦"。

案 例

这是一个很普通的课例，或许在我们每一位教师的身上都发生过，然而这又是一个不平常的、精彩的课例。因为，从这节课中，我看到了学生创新思维火花的闪现。

在一次语文课上，马老师正在教授学生学习柳宗元的《江雪》。这时，一位学生提出了这么一个问题："这么寒冷的雪天，这位老人真的是为了钓鱼吗？"这个新鲜而又有些古怪的问题一下子引起了学生们的好奇心，大家都在思考。是啊，不在钓鱼又是为什么呢？这时，马老师没有用教案中现成的答案来解释，而是用期待的目光望着学生，希望学生自己寻找答案。

一会儿，学生甲站了起来："老人是在独自欣赏雪景，渔翁之意不在鱼，在乎雪景之美也！"

接着，学生乙也举手发言了："我觉得老人是在磨练自己的意志，因为天寒正可以锻炼人。"

"这位老人很清高，看起来与众不同。"学生丙抢着说。

"不，他是在钓一个春天，冬天来了，春天还会远吗？"学生丁也站了起来。

……

多么精彩的回答！我不禁要为学生们喝彩了！是啊，给孩子们一个空间让他们的思维飞扬，课堂才能精彩，在传统的教学中，我们往往习惯了用统一的答案去要求学生，在课堂上不允许出现与众不同的声音。常此以来，把一个个富有个性的、稚嫩的、但又不乏创造性的答案扼杀在萌芽状态。于是课堂上只能听到一种声音，看到一种答案。如此课堂又怎能不沉闷？一千个读者眼里就有一千个哈姆雷特，更何况我们的教学？打开了学生思维的空间，才能闪现智慧的火花。

思考

我们的教育应该培育有个性的人才，当老师的应该去发现有独特个性的人，而不是像割韭菜似的割得一般齐。我们要求的好学生，不光是听话守纪律、还要特别注意那些有个性、有创见的特殊人才。像爱迪生如果没有一个智慧的妈妈，那他可能一生都只是个报童。

课堂上，老师唯有真正尊重学生，营造民主、和谐的教学环境，鼓励学生感想、敢说、敢做，让学生成为自己的主人，成为学习的主人，这样的课堂才是学生学习的乐园，才是学生创造的舞台，这样的课堂才能更精彩！

40 用幽默点亮课堂

曾经有一篇文章提及，老师的角色应该定位在"幽默大师"、"翻译家"。确实，只有让学生喜欢老师，才能"爱其师，信其道"，经常使用幽默的法宝，就能起到活跃学生身心的功能，取得"磨刀不误砍柴工"的效果，师生都能在快乐中学习进步。

幽默是思想、才学和灵感的结晶，是哲理和情趣的统一。教学幽默具有幽默的一般特点——机智性和趣味性，又具有其特殊的规定性，即在教学中的教育性。教学幽默具有极强的情绪感染力，能有效地活跃课堂气氛，使学生保持浓厚的学习兴趣，趣味性是教学幽默的显性特征；同时教学幽默蕴涵着深刻的思想或哲理，具有巨大的教育功能，教育性是其本质特征。

恰到好处地利用幽默，能够表现教师灵活的思维和对学生的关心和期待，使学生感受到教师的睿智和豁达。教学幽默要契合教学目的和内容。教学幽默的目的是为了使学生在轻松愉快的课堂气氛中获取知识、增长才智。如果置教学目的和内容于不顾，东拉西扯，为幽默而幽默，那就会既浪费了宝贵的课堂教学时间，又给学生以油滑之感。其次，教学幽默应符合学生实际。教学幽默与一般的幽默艺术不同，它的场所是课堂，对象是学生。教学幽默的深浅度应与学生对幽默的理解力和接受水平相一致。

案例

于永正，老一辈的著名特级教师，他是徐州人。我们来欣赏于老师上课的一些片段。

教学古诗《草》，进入复习阶段。

师：小朋友，回到家里，谁愿意把新学的古诗《草》背给妈妈听？（找一名学生到前面来）好，现在我当你妈妈，你背给我听好吗？想想回到家里该怎么说。

生：妈妈，我今天学了一首古诗，背给你听听好吗？

师：好。（生背诵）我的女儿真行，老师刚教完就会背了。

师：谁愿意回家背给哥哥听？（找一学生到前面来）现在我当你哥哥，你该怎么说？

生：哥哥，我背首古诗给你听听好吗？

师：哪一首？（生答《草》）弟弟，这首诗我也学过。他是唐朝大诗人李白写的。

生：哥哥，你记错了，是白居易写的。

师：反正都有个"白"字。（众笑）我先背给你听听：离离原上草，

一岁一枯荣。野火烧……不尽……哎,最后一句是什么?

生:春风吹又生。

师:还是弟弟的记性好,谢谢你。(众笑)谁愿意背给奶奶听?(指一生到前面)现在,我当你奶奶,你奶奶没有文化,耳朵有点聋,请你注意。

生:奶奶,我背首古诗给您听好吗?

师:好。背什么古诗?(生答背《草》)

师:草?那么多花儿不写,为什么写草啊?

生:因为草有一种顽强的精神,野火把它的叶子烧死了,可是第二年春天,它又长出了新芽。

师:哦,我明白了。你背吧。(生背)"离离原上草"是什么意思?我怎么听不懂?

生:这句是说,草原上的草长得很茂盛。

师:还有什么"一岁一窟窿"?(众笑)

生:不是!是"一岁一枯荣"。枯,就是叶子黄了,干枯了;荣,就是茂盛。

师:后面两句我听懂了。看俺孙女多有能耐!小小年纪就会背古诗。奶奶像你这么大的时候,哪有钱上学呀?(众笑)

这样的片段,在于老师的课堂里垂手可得。在教《在仙台》,一个学生问:"老师,北京的大白菜运到浙江怎么便'尊为胶菜'?您不是说,胶州出的大白菜才叫胶菜,才有名的吗?""嗨!冒牌货吗!不然,为什么要'打假'呀!可见,那时就有假冒伪劣商品。"接着是一片笑声。童话课文《小稻秧脱险记》中的杂草被喷雾器大夫用化学除草剂喷洒过后有气无力地说:"完了,我们都喘不过气来了。"可是,一位小朋友读杂草说的这句话时,声音很大,既有"力"又有"气"。于老师开玩笑说:"要么你的抗药性强,要么这化学除草剂是假冒伪劣产品。我再给你喷洒一点。"说完,朝他做了个喷洒的动作。全班小朋友哈哈大笑。这位小朋友再读时,耷拉着脑袋,真的有气无力了。于老师表扬说:"你读懂了。"于是笑声又起。……

思 考

教师要想用好幽默语言，自己必须是一个具有幽默品质的人。列宁说："幽默是一种优美的、健康的品质。"庄子云："水之积也不厚，其负大舟也无力。"精当幽默的语言是教师灵感的外现，是厚积薄发的结果。教师必须加强思想文化的修养，丰富铸炼自己的语言。只有这样，教师才能"让学生置身于优美的文化氛围、浓郁的语言环境中，受到教育和感染"（于漪语）。

幽默语言是高雅的、优美的，它妙趣横生，使学生如沐春风，享受语言艺术所带来的欢娱。不过教师要正确使用，才能发挥它的最大魅力：一要格调要高，不可俗用；二要紧密结合课堂教学，不可滥用。

41 把握整个课堂的节奏

课堂教学总要在一定的时间内进行，因此教师要在这一定的时间内让学生接受并理解所学内容，就必须有节奏地变化。课堂节奏的调控是老师控制整个课堂走向的关键，它能帮助老师控制课堂气氛、强化知识要点、实现教学目标。而这个主动权是掌握在教师手里的。如果说学生是演员，那么老师就是导演，演员的发挥好坏，很大程度上取决于导演是如何引导的。所以老师就要在课前精心设计课堂教学的环节和步骤，做到难易交错，张弛有度，听、说、读、写巧妙结合，有效把握课堂节奏。

案 例

每节课都有严格的时间限制，我们每节课的时间是45分钟，我的做法是开课是复习检查的时间，小测验（听写字词、句子或中文检定的听力内

容）。然后是新授，首先要扫清阅读障碍，解决生字词的障碍，其次由浅入深地理解课文内容。在让学生明白课文意思上花的时间应该长一些。读课文的时候有齐读、散读、分组读、默读，难懂的地方要翻译，易懂的地方点到为止，时间分配值是根据不同的课型来调整的。

当然，任何课堂都不会完全按你设计的进行，学生水平的参差不齐，对知识的理解深浅度也不一样，而且许多你没想到的问题学生也会发问。这就要求教师要用自己的语言、动作、声音等灵活应变，什么问题回答到什么程度，不要使突发问题让学生越扯越远，浪费时间。老师有责任把学生拉回到正常的课堂轨道上。

思考

有经验的教师是非常讲究课堂节奏控制的。因为适度的课堂节奏能自始至终牵动学生的注意力，维系学生的热情，使课堂教学跌宕起伏，张弛有度，从而轻松愉快地实现教学目的，完成教学任务，提高教学水平。

要控制好课堂节奏，必须把握一节课的知识容量。比如，英语牛津教材体现交际与功能相结合，注重听、说、读、写综合训练，教师备课时除认真分析教材、明确教材的知识容量外，还应考虑在此基础上强化什么知识、弱化什么知识、补充什么知识。一节课的知识容量既不能过大，也不能过小。一节课给学生的知识容量应以学生能接受、能消化为限度。知识容量过小，学生吃不饱，节奏松弛，激发不起学生学习的兴趣；知识容量过大，学生消化不了，煮成"夹生饭"，影响教学效果。确定好知识容量为形成良好的课堂节奏创造了条件。但是，这些知识如何传授？哪些是重点，需浓墨重彩？哪些是非重点，该轻描淡写？都是非常讲究的，需要合理控制时间。一节课45分钟有个总体安排，开头结尾要灵活机动，重点难点要留足时间，具体到每节课时应根据该课的实际需要分配时间，既要定时定量，又要灵活机动，才可能使课堂教学井然有序、节奏鲜明。教师不可上随意课，漫无边际地调侃和浪费时间的"马拉松"式教学是良好课堂节奏的大忌。

42 尊重学生的差异

有人说：学生是一艘轮船，在知识的海洋中航行，能否顺利到达知识的彼岸，教师起着导航的关键作用。对于学习进度慢的学生就更需要一盏导航的明灯，照亮指引他们前进的方向。让每位学生都学有所得，学有所成，这是教师的职责。

往往有部分所谓的学习进度慢的学生，他们在思想上、学习上和行为习惯上的表现较差，影响了自己的学习成绩。那么，如何对待这些学生，提高他们参与课堂的热情呢？教师应该坚信，无论是哪一类型的学生，只要我们有针对性、有目的、有计划地去关注、关心他们，并且利用班级的整体力量，对他们实行思想教育、跟踪、督促、辅导，给他们发展的时间和空间，这些学生一定会取得阶段性的、不同程度的进步。长此以往，最终能够使他们获得成功，顺利到达知识的彼岸。

案例

自由朗读课文是我们语文教学中的常用形式。老师一声令下"自由朗读一遍课文"，全班学生便会各自开始自由地放声朗读。但这朗读如何停下来，却也大有学问。

第一种停法：在不少公开课上我们常常可以看到，全班学生自由地朗读，到了某个时刻，没有老师的要求，也没有哪个同学指挥，全班同学会很默契地突然间齐步停下。也不知道大家读到哪里，读完没有，是不是全班朗读速度一样。

第二种停法：全班学生自由地朗读，"大部队"的声音渐小渐停，只留下一两个学生的声音在继续。这时全班其他学生会抬头看老师的脸色，

老师微笑着，或者说等他（们）读完，这时，这一两位学生在老师和其他同学安静的等待中继续读完，全班自由朗读才全部停下来。

第三种停法：这是今年我听一位老师执教公开课时学习到的。老师在初读环节安排了让学生自由朗读一遍课文，过了两分多钟时间，全部大多数同学都读完了，喧闹的教室安静下来后只听到一个孩子还在认真地读，且只读到课文的一半。大家抬头看老师的脸色，老师犹豫了大概两三秒后，马上亲切地对大家说："我们大家和他一起读，好吗？"于是全班同学齐声跟那位同学读起了课文的后半部分，直至读完才停。

思考

第一种停法在早些年的公开课是经常可以见到的。

那时的孩子不只是自己要读书，还要配合好老师上课而读书。学生在朗读时是要进行注意分配的，一边读一边得关注老师是不是有停下来的要求或暗示，或者关注大多数同学是不是停了。如果老师有要求或暗示，或同学大多数都停了，自己便戛然而止，随即全班就齐声停下——因为聪明的学生在公开课中都很会迎合老师的教学意图，绝不愿意因为自己"不识趣"继续读下去而影响教学。从这里看出，此例中的学生是没有全身投入到自由朗读课文中去的，课堂中老师是主角，学生是配角，学生自由朗读课文是要"配合"老师教学的。所以，在这种教学思想下的课堂，是很少见到像第二、三例那样的个别孩子坚持读完课文的情况的。

相对于第一种停法，第二种停法表现出的教学思想有了长足的进步。因为，教师明显地增强了尊重学生的思想。近几年这种停法比较常见。但是，这个进步也有值得思考的地方，在这个学生慢慢地继续读下去的时段里，全班绝大多数孩子都主要是安静地听这个孩子读书，这对大多数孩子是不是有点儿浪费时间呢？

第三种停法是那位老师的停法。她的停法有三个好处：一是让这个孩子继续读下去，尊重了这个孩子。二是不但尊重了一个孩子，还尊重了全班学生。让全班孩子都跟着他读，充分利用了时间，这是教师有教学效率意识的体现。三是不动声色地真正保护了这个孩子的自尊。因为，读得慢

的学生往往学习能力上差一些，大家都听他读，难免读错，难免读得不好。在大家安静听他读的时候，这个孩子的错误往往被放大了，甚至可能引发其他学生的嘲笑，使这些自尊心相对脆弱的孩子再受打击。而且，在这样的场面下，独自读书，心理压力是很大的。因此，那位老师采取大家都跟着读的做法是在真心保护这个孩子的自尊。（对学生朗读中存在问题，可以另寻时机予以纠正。）

通过以上几个案例，我们认识到：我们在教学中既要尊重个别学生，也要尊重全体学生；要像那位老师那样将尊重个别学生和尊重全体学生有机统一起来，从而让每一个学生都能保持一种积极的学习态度。

43 巧妙设置提问环节

提问是使用频率最高的一种教学手段。从教学实践看，提问对促进学生思维，帮助学生更好地理解和掌握学习内容有积极的作用。鼓励学生自己提问题，可以改变被动学习的状态，使学生认识到自己是学习的主人，学习是自己的事情，自己要对学习行为和学习效果负责，要想取得良好的学习效果，就要积极参与到学习过程中，充分发挥主体作用，"自奋其力，自致其知"（叶圣陶语）。所以，让学生自己提问题的过程，就是培养学生自主学习意识的过程，就是发挥学生主体作用的过程。

教学中，教师既要积极鼓励学生大胆发问，又要设法保护学生发问的积极性。一个班的学生有几十名之多，学生之间又有诸多差异，所提问题可能五花八门，良莠不齐，有些问题质量好，价值高，有些问题质量一般，价值不大，有些问题则与当前学习任务相去甚远，甚至幼稚可笑，荒诞不经。但无论属于哪种情况，都是学生脑力劳动的结果，理应得到尊重。因此，教师要善待学生提出的问题，善待提出问题的学生。对有价值的问题，可引导学生认真探究解决，对没有价值的问题要区别对待，采取妥善的方法予以处

理,以保护、鼓励学生发问的积极性。对学习后进的学生尤其要"高看一眼",切不可对他们有丝毫的鄙夷神态和挖苦语言,也不可对他们的问题置若罔闻,敷衍搪塞,以免挫伤其发问的积极性和求知的欲望。

案例

案例一：

一位老师在课堂上讲授"轴对称现象"的内容。老师先拿出世界各地的具有轴对称特点的建筑物照片让学生观察,然后提出一个问题："对这些图片你们有什么感受？"学生的答案多是"美呀"、"壮观呀"等,很难将观察点集中在"轴对称"上,课堂导入不够成功。细究原因,问题就出在老师的提问上,因为老师让学生谈"感受",问题模糊,学生不知如何回答。如果这样问："在这些图片中,你们发现了什么？"学生可能会从颜色、形状、结构等多方面来回答。如果再换一种问法："在这些图片中,从建筑物的结构方面,你们发现有什么共同的特点？"这样会促使学生从一张张具体的图片中跳出来,概括出共同的特点——轴对称现象,从而较好地导入新课。

可见,课堂提问如果问得不恰当,学生会被教师的提问弄得一头雾水,不知如何回答,课堂有效的教学时间也被浪费了。

案例二：

我在讲解了"多几"、"少几"的应用题后,设计了一节练习课。课堂上有这样一个环节,我让学生根据生活中熟悉的信息编一道与本节课有关的应用题。其中一个同学编了这样一道题："一包虾条一共有50根,小明吃了8根,小红吃了10根,小红比小明多吃了几根？"这道应用题编得非常好,它还涉及到有"多余条件"的问题,我很满意。但问题很简单,同学们很容易地解答了出来。于是我灵机一动就又追问了一句："你们为什么不用'一共有50根'这个条件呢？"学生说它是一个多余的条件。我接着又抛出了一个问题："那我们能不能再提一个问题,让'一共有50根'这个条件不多余呢？"学生经过了片刻思考,有的同学提出了"还剩多少根虾条"的问题并进行了解答。通过对比,学生明白了分析应用题时,要

学会选择有用的条件，不要盲目地把所有的条件都用上。对于课堂上这个生成的资源，我没有就此打住，特意板书了一个大标题《虾条里的数学》。我趁势又提出了一个问题："你们能根据'一包虾条一共有50根'，'小明吃了8根'，'小红吃了10根'这三个条件提出不同的问题吗？比比看，哪个小组提得问题最多？"这个富有挑战性的提问使学生个个充满了激情，他们提出了许多有价值的问题：

问题1：他们俩一共吃了多少根？还剩多少根？

问题2：小明吃了8根后，还剩多少根？

问题3：小红吃了10根后，还剩多少根？

问题4：把一包虾条分给两个人，两个人都一样多，每人吃多少根？

问题5：如果让他俩吃得一样多，小明还能再吃几根？

思考

教师是课堂教学的组织者和引导者，课堂教学中教师的提问，影响着整个教学内容的开展，影响着学生以后问题意识的形成与发展。提问是最常用的课堂教学手段之一，但并不表明每个教师都认真地思考过课堂提问的内涵，也不是每一教师都已熟练掌握了课堂提问的技巧。下面我们来谈谈课堂提问的技巧。

1. 精心设计筛选问题。教师的提问一定要经过精心地筛选，问题提得得当，能激发学生的思维共鸣，激发学生的求知欲望，反之选择不当，有时会毁了一堂原本很好的教学课。

2. 做到问题简明扼要。教师提问要注意语句简短，很多教师在提出一个很简单的问题时，担心学生听不懂，故自己特意用其他的一些语句加以补充说明，听起来一个问题有好几句话组成，其实这样做反而会使学生找不到问题的关键，影响教学。

3. 把握好提问时机。在课堂教学过程中，教师提问要注意时机，最大限度地调动学生的兴趣，收到事半功倍的效果。

4. 采用灵活多变的提问方法。教师在提问过程中，不能拘泥于某一特定的模式之中，要善于灵活运用多种方式，是学生与教师密切配合，让学

生的主体作用得到发挥。

　　总之，课堂提问的目的是为了让学生思考问题，深化对所学知识的认识，培养学生的思维能力，养成良好的思维习惯，这体现了学生是课堂教学的主人，教师是主导，整个教学过程是师生双方的互动，不是教师的个人表演。所以，教师要注意学生的思维习惯，善于创设情境，运用好提问技巧，从而收到较好的教学效果。

44　善待学生的错误发言

　　我们要用宽容之心善待孩子的错误发言。因为错误发言也是一种有效的学习方式。许多经验告诉我们，学生即使有时答错了，甚至因为一个错误的发言而引得同学开怀大笑，但当老师和同学们对错误的发言进行纠正时，这本身就是一种最有效的学习。这种情况下学生学到的知识、技能及情感往往是刻骨铭心，终身难忘的。更何况，有时学生在课堂学习中瞬间所想的也许就是一种最具创新的思考。

　　善待学生的错误发言——因为他的所谓"怪诞"想法可能成就一个新的牛顿。因为他的所谓"不可理喻"的思维方式可能成就一个新的爱迪生。我们要为学生营造一个宽松的课堂学习氛围，不要扼杀学生个性的发展，学习过程中应"时时有创新，时时想创新"，学生即使是荒诞的思考也比不思考强。让学生知道错误的发言本身就是质疑解疑的学习过程，不要在"这样答对吗？""这样答老师和同学会笑我吗？"的犹豫不决中埋没自己最具有创新的想法。

案例

　　有一次上数学课，内容是乘法的分配律，当时我要求学生解答这么一

道题：75×48 + 75×51 +75 = ？

  我首先让学生小组交流、发表意见，因为有成绩好的学生抢先发了言，问题很快就解决了，大部分学生的解法是：75×（48+51+1）=75×100 =7500。

  这时我发现平时在班上发言很积极的胡雅瑄同学没有表示赞同，但是又不敢说，于是我鼓励她勇敢地说出自己的观点，并要求她把自己的方法写在黑板上。胡雅瑄同学胆怯地说出了自己的观点，并把自己的过程板书在黑板上。她的过程是：75×48+75×51+75 =75×（48+51+75）。

  她的这种错误做法是学生平时练习中经常出现的，也正好是此时急需出现的"错误"，于是我把问题交给全班学生，让她和同学们一起进行讨论，举证说明。最后，胡雅瑄同学终于明白了自己的问题所在。这时的我不但没有批评她，反而当着全班同学的面表扬了她，并对她的错误发言表示感谢，因为她的错误发言避免了同学们在今后练习中可能出现的错误。

  胡雅瑄同学回答错了问题，老师不但没有批评她，反而还表扬了她，感谢她，用她的话说是做梦也没有想到的。从那以后，班上的同学只要是在学习上有疑难问题，他们都抢着发言，上课积极举手发言已是同学们的一种习惯，因为她们没有了后顾之忧，不用怕回答出错挨批评了。

思 考

  说到底教师善待学生的错误发言，是对人的价值和精神生活的关怀和尊重，并且是一种超越。对于学生来说，好奇心是第一要素。允许学生出错，实际上是让学生永远有"神圣的好奇心"（爱因斯坦语），进而去创造。而"神圣的好奇心"有两大敌人，一是习惯，二是功利心。突破旧习惯的束缚，摒弃功利之心，让好奇心在"出错"中发出神圣的光彩，那么，人文精神、以学生发展为本的理念，才能在课堂教学中落实和体现，那么，学生才会有神圣的创新。

  我们应该善待孩子，善待孩子的错误，因为孩子的错误还是一种重要的教育资源。我们的教学不要刻意去求顺、求纯、求完美。其实，出错了，课程才能生成。就是在"出错"和"改错"的探究过程中，课堂才是

最活的，教学才是最美的，学生的生命才是最有价值的。

45　要有自己的教学风格

教学风格是在达到相同的教学目的的前提下，教师根据各自的特长经常所采用的教学方式方法的特点，是教师的能力和性格的多样性的反映。教学风格应是符合教师自身个性的教学方式、方法和技巧的独特结合。

不同的教学内容、教学环境、教学资源，不同的学生、不同的班级、不同的外部环境，诸多不确定因素决定了教有法，教无定法。作为一名教师，重要的是依据自身的特点，逐渐形成适合自己特长的比较稳定的教学风格，千学万学，都应在自己的风格基础上不断完善变化，唯如此，才能在教学上自己得心应手，教有成效。

案例

下面是几位语文学科名师的教学风格总结：

于永正，他的语文课堂形成了"五重"教学特点：重感悟、重积累、重情趣、重迁移、重习惯。他的课堂体现他的新、实、活、疑、爱、情、趣、美的教学风格，这也是他语文教学的"八字真经"。他的口语交际性的作文教学更是作文教学的一朵奇葩。

张化万，他的作文教学让学生善于叙写昨天，描绘今天，畅想明天。他的科学实验作文课享誉大江南北。

孙双金，教学中主要体现"一主三性"（即形象性、情感性、求实性，以学生为主），他认为现时的语文教学呈现"三多"、"三少"，即"三多"：呆气、暮气、死气，"三少"：灵气、朝气、生气。他认为语文的课堂应是智慧的课堂、情感的课堂、人文的课堂、工具的课堂和儿童的

课堂。

　　孙建锋，他的课堂教学与时俱进，彰显扎实、灵活、创新、诗情、人文、激情、幽默的艺术风格，他常常把语文课上到学生心里去，给人以强烈的震撼。他认为语文老师应做到：目中有人，心中有本，教中有情，课中有智。他的教学语言是工整的、诗情的、智慧的。

　　王崧舟，他主张语文应该是精神的语文、感悟的语文、儿童的语文、生活的语文、民族的语文。他提出语文教师要为学生的语言与精神的协同发展而努力，让学生诗意栖居语文的课堂。他认为：语文是功利的，那是学生的立身公器；语文是科学的，那是学生的思维之剑；语文是审美的，那是学生的精神家园。

　　窦桂梅，她的课太成熟，以至令人不敢随意描摹她的特点，也许她教学的生命太旺盛，人们还不能用一两句话简单概括她的教学风格。她的"主题教学"课题的研究成就享誉全国，而她没有止步。她的《晏子使楚》又引得同行们些许争议，但更多的是钦佩与折服。我们可以暂时用些关键词来点染她：她是热情的，也是激情的；她的课堂是激情四射的，是人文的课堂；她是诗意的，她的课堂也充溢着诗意；她是执着的，我们看到她不断尝试着语文教学的新领域。她一次又一次让我们感叹：原来语文课还可以这样教！更有甚者感到望"语文"却步了。

思 考

　　教材课本是一样的，学生是不一样的，教师也是不一样的，所有教师用同样的方法、同一模式去教，那是不可想象的。

　　教学风格完全可以因人而异，或激昂、或平和、或凝重、或幽默，但无论如何，殊途要同归，那就是要教给学生正确的基础知识，要培养学生的各种能力，要为学生的未来发展奠定良好的基础。而要形成自己的教学风格，必须要不断提高自身的素养和能力。只有这样，才能将基础知识把握于股掌之间，才能娴熟地运用，才能进一步提升学生的能力。

46　做不拖堂的老师

"减负"实质上就是减掉那些妨碍学生身心健康和全面发展的过重负担，让学生获得更多的主动发展、培养创新意识和实践能力的空间。因此，教师作为"减负"的具体实施者，不应忽视了上课拖堂这一影响学生身心健康、增加学生负担的行为，教师上课不拖堂实际上也是对学生的一种尊重。

拖堂与否，还可以衡量出一个教师的职业道德和教学水平的高低。只要是当过教师的，谁都有过拖堂的经历。在这里且不说学生对拖堂有多么反感，只看教师在下课铃声中喋喋不休时，学生多么心烦意乱，就可以知道拖堂是多么不得人心。

案例

星期一上午第一节下课的铃声已经响起，但是还有一道题没有讲完，我想干脆讲完算了，于是就接着讲起来。谁知同学们不乐意了，东倒西歪，无精打采，开起小会来了。尽管我的声音很大，也被同学们的嘈杂声给淹没了，效果差到了极点。

通过长期的观察，我发现拖堂确实不是一种好现象，它的危害很多。

学习方面：下课铃响后，教室外边有走动声、喧哗声，教室里边有松散情绪，在这种情况下，想听的同学不容易听清或不容易集中精力；不想听的同学心飞窗外，也没有心思继续听下去，有时强迫听，效果也很差。

情感方面：学生对经常拖堂的老师的课有一种心理负担，甚至因为拖堂而厌恶这门学科。拖堂牺牲了学生的课余休息时间，是对学生的不尊重，使学生感到无可奈何，同时学生也会感到老师的无能。

生理方面；下课铃声一响，就有一种自然的放松感，听课的注意力很难集中。坐的时间长就有一种浑浑噩噩的感觉，或有点想出去走走的意识。有时想上厕所，因拖堂而非常难受。有时大小便匆匆忙忙或来不及而非常尴尬。连续上课，眼脑都会发胀。

其他方面：上节课老师拖堂，值日生会很仓促地擦黑板，粉笔灰尘污染教室的空气，影响了师生的健康，也不利于各任课老师之间的关系。另外，老师可以拖堂，学生就可以拖作业，造成学生的时间观念不强，老师一旦形成了拖堂的习惯，教学效率就很难提高，教学效果也无法实现。

对于教师而言，不管你有多少理由，有多少善意的想法，都不要剥夺学生课间十分钟的休息时间。当清脆的下课铃声响起时，老师最后一句话话音刚落，然后从容地走出教室，那才是真正的潇洒！这样的老师才是最受学生欢迎的老师！

思 考

老师拖堂绝无摧残学生之意，换句话说，爱拖堂的老师大多是认真负责的老师。老师为什么拖堂呢？可能是计划讲的内容没处理完，就差那么一点点，所以要占两三分钟讲完。这就像写文章，总要有个结尾画上句号，才能算一篇完整的文章。关键是，拖堂是否收到了预期的效果呢？看看拖堂的那几分钟学生的状态就可以知道。何况，无论从学生的生理方面还是精神方面来看，拖堂都是不宜的。

也许，老师们会觉得委屈：出力不讨好，好心不得好报。那我们为何不尝试着告别拖堂呢？精心设计的内容没讲完，那就布置学生先思考。在下堂课开始之时解决。作业提前写在小黑板上，节省点书写的时间。不做啰唆的老师，强调听课时抓住要领。对于个别不守纪律的学生单独留下，不殃及池鱼。总之，向课堂的45分钟要质量，课堂上做到高效率、快节奏，然后把课间完整地交给学生。

47　有效使用课本习题

教材中的习题虽然是专家学者精心编写出来的，但教师应结合自己的教学实际和学生的情况，对习题进行一定的选择、增加、改编，有效整合习题资源，真正使习题成为学生乐意学习的素材，从而使课堂更加富有活力。

事实上，我们只要理解训练材料的编写意图，掌握各个练习的训练点之间的联系，用"放大镜的眼光"去审视每一道习题，"大做文章"，有效开发习题中蕴藏着的资源，就能将习题的利用价值最大化，将习题教学演绎得精彩纷呈。

案例

学了圆的面积后，有这样一道练习题：圆形花坛的周长18.84米，花坛的面积是多少平方米？出示题目时，我故意省去圆形二字，学生试做时，出现下面情景：

生：(小声地)老师，这道题不能做，缺少条件，没说什么形状。

师：请同学们停一下笔，会做这道题的举手。

这时，大多数学生举起了手。

师：(指一名没有举手的)你不会做吗？

生：我觉得这道题差一个条件，补上"圆形"条件就能做了。

师：不加"圆形"二字，这花坛的形状您将如何设计呢？要求周长还是18.84米，先设计图形，再求花坛面积，行吗？

生：行！

师：小组合作设计，比一比，哪一组设计的图形多。

小组汇报：

设计方案　　　　　　　算理

生1：○　　　　　　　$(18.84 \div 3.14 \div 2)^2 \times 3.14$

生2：□　　　　　　　$(18.84 \div 4)^2$

生3：○○　　　　　　$(18.84 \div 2 \div 3.14 \div 2)^2 \times 3.14 \times 2$

生4：　　　　　　　　先设一半径长为 x 米，$2x + 3.14x = 18.84$

生5：　　　　　　　　$(18.84 \div 6)^2 \times 2$

生6：○○○　　　　　$(18.84 \div 3 \div 3.14 \div 2)^2 \times 3 \times 3.14$

生7：　　　　　　　　$(18.84 \div 8)^2 \times 3$

……

师：同学们设计得真漂亮，祝贺你们——未来的设计师。请你们把自己设计的最漂亮、最合理的花坛面积算出来，好吗？

生：好！……

思 考

巧妙隐去"圆形"问题，为学生营造创新的思维空间。不加"圆形"两字，"花坛的形状你将如何设计呢？"这一富有开放性的问题的抛出，一石激起千层浪。这是多么让人乐于接受又令人跃跃欲试的事情啊！爱表现是学生的天性。正因为这一问题的提出迎合了学生的天性，吸引了学生，才唤起了学生的潜能，激活了学生的自信，激发了学生的创新思维，才有了不同的花坛形状的设计方案，如圆形、正方形、长方形、多边形。这一开放性教学，生成了课堂的精彩，它不仅延伸了教学内容，拓展了习题的内涵，使教材在"无中生有"中变厚了，而且发展了学生的创造性思维。如果单纯就习题讲习题，学生的体验还会如此丰富吗？可见，在教学过程中"小题"也可以"大做"，对习题作出适度而有效的开发，提高教材的"附加值"。

教材中每一道习题的安排都有一定的目的和意图，只要我们认真钻研它，在用好、用活习题上动脑筋、想办法，开发教材习题这一"小动作"就能促使学生在课堂上积极主动、生动活泼地发展这一"大目标"的实现。"小题"也要"大做"！

48　巧妙运用教具

　　教育手段的现代化，使"教具"这个概念的外延不断得到延伸，它不仅包括教学模具，还包括录音、录像、幻灯、多媒体等辅助教学手段。教具的使用可优化课堂教学组合，为学生提供必要的感性材料，然而，并不是只要运用教具，教学质量就会自然提高。

　　教师应学会如何巧妙地运用教具，提高课堂教学的效果。首先，应恰当地选用教具，一般来讲，选择的教具要具有代表性和典型性，要能显示事物生动、清晰的形象以及运动和发展的过程，还要能突出学生应该观察的重点，有助于学生对教师的理解，同时要防止片面追求"趣味性"而分散学生注意力，引起节外生枝、冲淡主题的形象。其次，教具出示后，教师的讲解要与演示教具相配合，讲明观察的目的和任务，使学生明白该观察什么、先观察什么、后观察什么，同时要提出思考性问题，以便让学生在看、听、摸的同时能进行思考；最后，教具用完后，要及时收回，以免分散学生的注意力。此外，还应切忌滥用教具。

案例

　　那是一堂数学课"长方体和正方体"。"点点成线，线线成面。面面成体"这几句话，学生早已烂熟于心，但他们并没有这方面的感性认识，更说不上有真正的理解——然而这恰恰是教学重点。

　　老师一直在寻找机会解决这个难点。突然，一位向来上课不太认真的学生不经意把窗户打开，从窗外吹来一阵风，将几张桌子上的课本一页页张开，又一页页合上。老师突然眼前一亮："嘿！抓住它！"

　　她拿起课本，指着封底右上角的顶点问大家："这是什么？""角的顶

点。""对，是一个顶点。"老师慢慢地把整本书右上角的顶点一个个合上："这时你们看到这些点变成了什么？""线段。"学生齐声回答——他们终于明白了什么是"点点成线"。

老师继续拿着课本，指着封底分开的长边，问："这是什么？""长方形的长。""也是一条线段。"老师慢慢走到科代表旁边，"下面的任务由你来完成，行吗？"科代表接过老师的话音，邀请另一同学互助协作完成。把整本书分开的长边一条条合上，问："你们看到这些线段变成了什么？""一个长方形。"——这就是直观的"线线成面"了。

老师认真地说："你想试一试吗？请同学们自问自答，亲自体验。"同学们拿出自己的课本指着封底问："这是什么？""长方形。""还是一个面。""对。"当同学们又慢慢地把整本书一页页合上。"这时你们看到的面又成了什么？""一个长方体。"——"面面成体"的感性体验就这样植入了学生的心底。

再如教学"扇形的面积"时，教师问学生："在日常生活中，你们还在哪儿看到过扇形？""我在一些统计图上看到过扇形。""打开的折扇就是一个扇形。""刮雨器转动时形成的图形是一个扇形。""孔雀展开的羽毛形成了一个扇形"……

教师拿出一把折扇，并演示把它打开到不同的角度，问："大家注意到没有，同样一把折扇，打开的角度越大，扇出来的风就越怎样？打开的角度越小呢？""打开的角度越大，扇面与空气接触的面就越大，扇出来的风就越大；打开的角度越小，扇面与空气接触的面就越小，扇出来的风就越小。""这位同学很有生活经验，而且还掌握了一定的科学知识。由此可见，扇形的面积与什么因素有关？""扇形的面积与它的圆心角的大小有关。"教师进一步追问："扇形的面积除了与圆心角的大小有关外，它还取决于什么呢？"

教师又拿出另一把小一些的折扇，并演示把两把折扇打开到相同的角度，再叠放到一起。问："这两张扇面，哪一张面积比较大？哪一张面积比较小？因此扇形的面积还与什么因素有关？""扇形的面积还与它的半径的长短有关。""扇形的面积取决于它的半径的长度以及圆心角的度数。"

……两把小小的折扇在老师的手中转变成了生动教学的教具。

思考

　　对于"点点成线，线线成面，面面成体"这一知识点的理解，老师抓住了学生不小心掉到地上的课本，十分巧妙地借助身边的教具，让学生直观、感性地获得体验，在不经意间解决了难点。另外一例中大大小小的折扇也同课本一样，在课堂教学中发挥了异曲同工之妙。所以，当教学出现一些新的变化和突发情况时，当具体的教学目标、场景发生改变时，要取得好的教学效果，就需要教师的智慧，它能够敏锐洞察，能够作出灵敏的反应，能够恰当地调整策略。

49　敢于承认自己不知道

　　教师不是"百科全书"，教师被学生问倒的情形在所难免。问题在于，当教师被学生问倒之后，究竟用什么态度对待学生，这是值得思考的。出生于德国的美国生理学家洛布，在知识方面是一个光明磊落、从不掩饰自己不足的人。有一次，一个学生拿着教科书向他求教。他看完后说："对不起，我回答不出你的问题。不过你明天来的时候，我也许能够回答你。"那个学生见洛布这么谦虚和诚实，尊敬之情油然而生。而后，洛布翻阅资料深入思考，终于弄清了问题的答案，而且第二天主动找到学生并向他解疑。洛布这种虚怀若谷的精神，对学生的高度责任感和科学求实的态度，不是很值得我们教师认真学习吗？

　　"天下之书读不尽，学问茫茫无尽期。"知识犹如浩瀚的海洋，即使是一个杰出的大学者，穷毕生之精力，也只能涉猎万分之一。教师要想做到门门精通，无所不知，无所不晓，那是根本办不到的。因此，人贵有自知

109

之明。承认自己在许多方面的无知，实事求是地看待自己，这是教师有修养、讲文明的一种表现。

案例

在给学生上《建筑奇观》（川教《中国历史》七年级下册）一课时，我讲："北京城由宫城、皇城和京城三大部分构成，其中宫城又称紫禁城，是明清两朝的皇宫，是北京城的核心……"这时，有一位学生站起来问我："老师，宫城为什么又称紫禁城？"此语让我一愣，说实话，课本上没有，教参上也没讲，我还真不知道。好在我应变快，示意他先坐下，然后模棱两可地说了句："大概是禁止老百姓靠近的地方吧！"

下课后，我为自己不负责任的回答惴惴不安。为了解答学生的这个问题，我请教了几位同行，他们也说不清楚。

这时，就见上课提问的那个学生站在办公室门口，手里拿着本《中国校园文学》，"老师，你看这本书里的答案对不对？"

"这本书里有？"我有些惊诧，但还是在第61页的《点滴》栏目中看到了搜寻已久而未得的答案："'紫'字是指紫微星垣，代指皇帝。因为天上恒星中的三垣，紫微垣居中央，太微垣、天市垣陪设两旁。古时候认为天皇应住在天宫里，天宫又叫紫微宫。人间的皇帝自诩为天子。'太平天子当中生，清慎官员四海分'，所以紫微星垣代指皇帝，又因为皇帝居住的内城严禁黎民百姓靠近，所以又叫紫禁城。"

原来是这样，我在放下书本的同时，暗自庆幸自己说的还不是太离谱。

"你上课前是不是看过？"我问道。

那个学生点了点头，旋即红了脸，"老师，您别误会，我就是想印证一下书里讲的对不对。"

"书里讲的很准确，你看书也很仔细，不错，不错。"我把那本《中国校园文学》还给他，顺便夸奖了他一句。

学生高兴地走了，我的心却很长时间平静不下来。身为历史教师，对一些历史知识不了解已经让人羞愧；备课不细致，应该想到的问题没有想

到更让人后悔；最不可原谅的是不懂装懂，为了掩饰自己的无知竟给予学生模棱两可的回答。一个老师，为什么就不能诚实地说"不知道"呢？

有了这个教训，每次备课、上课我都充分准备，力求万无一失。但一次讲"淮海战役"，又冒出了新问题。我正在讲台上慷慨激昂："淮海战役起自1948年11月6日，结束于1949年1月10日。我军以60万人对阵80万国民党军，取得空前大胜。共歼灭敌军55万5千余人，奠定了解放长江以南各省的基础……"

突然，一名学生举起了手，站起来问："老师，'55万5千人'是不是全被打死了？""全被打死？我们首先要理解'歼灭'是什么意思。"依据课前查的资料，我解释道："'歼灭'，指把敌人消灭。就是解除敌人的武装，剥夺敌人的抵抗力，包括击毙、击伤、俘虏等。"

学生们恍然大悟。但一个学生又追问了一句："老师，击毙、击伤、俘虏的数字分别是多少呢？"看着学生追寻的目光，我有些犯难了：怎么给学生解释呢？停顿了一下，我还是老实地回答："准确的数字老师也不太清楚，需要查一下资料再告诉大家。"说完后，我自嘲地笑笑，心里轻松了许多，"诚实"的感觉还不错。

下课后，我赶紧查起资料来：

据1978年出版的《淮海战役资料选》记载，我军歼灭敌正规军5个兵团、22个军、56个师、1个快速纵队，共计55万5千余人。其中，生俘320355人，毙伤171151人，投诚35093人，起义28500人。由此可知，在整个淮海战役中，除毙伤者外，我军共计收容国民党官兵38.4万人。

第二节课，讲完这些内容后，我感觉学生的目光除了往日的亲切外，还多了几分敬佩。一次课后与学生聊天，一个学生说道："老师，你很'真'，我们大家都服你。那天上课，第二个问题你完全可以不回答我们，或者随便找个理由搪塞，好多老师都是这么做的。但您没有，正是因为你的'真'，我们才从内心佩服你。"

学生的话给了我很大的震动，也让我初步了解了孩子们的内心世界。从这一刻起，我暗暗告诫自己，要把孩子们渴望的"真"永保到底。因为我知道，我的知识还有很多盲点，我也无法预料到课堂上还会遇到什么样

的未知问题，但我想，只要本着"真"的精神，保留着诚实的品质，和学生一起去探索，我就会走得更远。

思考

在我国的教育教学实际中，有个怪现象，教师不怎么鼓励学生质疑，不少教师并不喜欢那些思维活跃、想象丰富、常常提出诸多"为什么"、"怎么样"等问题的学生，甚至有个别教师把学生的质疑认为是对自己尊严的侵犯。相反，教师们对那些循规蹈矩、亦步亦趋跟着教师节拍向前走的学生往往偏爱有加。有些教师，他们被学生问倒，不去反思自己知识的局限和不足，为了不失面子，却反向提问的学生发脾气，或讥讽学生"不知天高地厚"，或训斥学生"故意给老师难堪"。更有甚者，把学生爱提问题视为"爱出风头"，竟"以牙还牙"，让学生在众目睽睽之下"现眼"、"丢脸"。试想，这样的教育怎能培养出学生喜提问、善质疑的良好学习习惯？

50 用游戏激活课堂

许多老师曾经在自己的课堂上经历过沉闷僵局：只有发言者一个人在有气无力地讲话，听众懒懒散散，无精打采，昏昏欲睡。分析原因不难发现，教师课堂教学方式的单调是使课堂沉闷的重要原因。所以，在教学中，适当地引入游戏是一种行之有效的教学策略。老师应该努力做到："解放小孩的大脑"，让孩子多想一想；"解放小孩的眼睛"，让孩子多看一看；"解放小孩的双手"，让孩子多做一做；"解放小孩的嘴巴"，让孩子多说一说。想、看、做、说都是在教师灵活的、综合的策略引导下展开的。可以说，教学策略的活，将激发学生学习的新，激发学生学习的创。所

以，创新是当今教育的必由之路。只有让课堂教学充满快活的气氛、鲜活的知识、灵活的教法，把每节课都作为学生探索创新的一次历程，才能真正使课堂教学活起来——充满快活，实现鲜活，展现灵活！

案例

在英语教学中，加入适当的游戏有利于培养学生的兴趣，符合"乐学"原则。游戏教学方法强调了学生的主体性，要求学生共同参与，而不是教师唱独角戏，体现了教师主导与学生主体作用的发挥。游戏教学法符合小学生的生理和心理特点。小学生活泼好动爱表演，乐于接受新奇、趣味性强的事物。教师的教法可以直接影响学生对学习的兴趣。课堂游戏要求学生，即游戏的参与者，对每一个问题、每一件事和如何去模仿他人的一言一行，都要予以及时的反应、回答和表现，这不仅使学生训练了自己的记忆力，培养了自己的观察和模仿能力，还能提高他们连贯语言表达的能力。利用游戏有意无意的特性，有利于学生形成正确的学习方法和良好的学习习惯，有利于化难为易，有利于减轻学生的负担，符合素质教育的要求。因此，在教师指导下，根据学生的需要和英语学习上的存在问题，英语课堂上抽出一定的时间有目的、有计划、有针对性地进行英语教学游戏，是非常有意义的。

游戏教学方法就是在教学中尽可能将枯燥的语言现象转变为学生乐于接受、生动有趣的游戏形式，为学生创造丰富的语言交际情景，使学生在玩中学、学中玩。游戏教学方法吸收了多方面外语教学法的合理成分，是可以广泛应用的小学英语课堂教学方法。游戏引入是教学的一个环节，也是课堂教学的最重要部分，利用恰当的游戏引入新课是激发学生兴趣的有趣途径，也是一节课成功的关键。如：Unit 1 "教授制作新年贺卡"的单词，为了引出新单词我设计了一段师生对话：

T: Hello, boys and girls. Let's play a game, ok?

Ss: Ok!

T: Now, guess. What's in my hand?

S1: An apple?

T: No, it is not.

S2: A ruler?

T: No, it is not.

S3: A crayon?

T: Open it and see. Yes. It's a crayon. You're a clever boy.

这种猜谜引入新课的方法，不但复习了大量的词汇和句子，为学习新课做了铺垫，而且由于学生急于想知道教师手里的东西究竟是什么，从而促使其动脑筋、动口。这种引入新课的方法比教师交代该节课的任务的做法要来得自然和轻松。课堂上可开展许多生动活泼的游戏，如猜谜、开火车、找朋友、击鼓传花等。在活动时强调学生活而不乱，动静有序，要使每一个学生都参与学习，注意尽量安排集体游戏，特别是需要集体配合和体现合作精神的游戏。这样既可以操练语言，又可以培养学生的集体荣誉感。

思考

怎样才能让游戏充分地发挥它在课堂的魅力？

首先，老师要准备好游戏，活用游戏。老师在课堂使用游戏之前，应该先设置好游戏的规则，并根据学生的实际情况来准备游戏，只有让游戏适合学生，才能让学生积极参与。对一些在课堂上重复出现的游戏，老师可以就规则或玩法做出小而适当的变更，使旧游戏玩出新的花样。

其次，老师要确定好游戏使用的时间和环节。游戏是针对课而备，而非漫无目的地让学生玩。如果一堂课热热闹闹地上下来，学生却所学无几，那么一堂课的游戏设置得再好，充其量也只是让学生放松一下，那还不如唱首歌来得简单。正如上文所提到的，不是整堂英语课都可以将游戏进行到底。一个好的老师要收放自如。英语课堂中的游戏最好是用在熟读上，既易操作，又有趣。如Simon says、大声小声等游戏，就用在教授新单词和句型中的操练游戏。它们一改老师枯燥的反复领读，使学生找到大声读英语的乐趣，敢于开口念英语，大声说英语，对提高学生学英语的兴趣和语音的训练很有裨益。

51 用精彩的板书点缀课堂

板书是一门艺术，好的板书具有无声示范性和感染力，能激发学生的学习兴趣，陶冶学生的心灵，给学生以美的享受。板书是课堂教学中主要的教学手段，它在一定程度上反映出教师领会、把握教材的水平和能力，也反映出教师的教学思路、处理教材的方法和意图。

完整的板书是教师教学的提纲，是学生复习的依据，有利于学生对知识的理解和巩固。因此，教师在备课时应细心思索，精心设计出具有鲜明的针对性、严密的科学性和清晰的条理性的板书。

板书的书写一般应遵循以下规律：1. 深明要求，使书之有用；2. 突出重点，使书之有据；3. 细选词语，使书之有度；4. 巧定形式，使书之有格；5. 谨分层次，使书之有序；6. 斟留余地，使书之有节；7. 妙设造型，使书之有艺；8. 趣味比拟，使书之有乐。

总之，精美的板书好似一首诗，犹如一幅画，和教师的讲解、学生的尝试一起成为课堂教学的有机组成部分。精美的板书又似潺潺流动的小溪，能使学生透过清澈的溪水看到水底那美丽的景观。精美的板书更似那甘甜的果实，能使学生品尝其中道不尽的奥妙。

案例

前几天连续听了几节英语课，留给我印象最深的有两块内容：

一、多媒体课件做得确实精美、生动，一环一环逐步引教，层层深入，创设了有效的语言习得氛围，激发了学生强烈的学习兴趣，也解决了一系列教学难点问题；

二、几位执教老师在教学过程中设计的板书，或许，那根本不能说是

"设计",只是为了填补偌大一块黑板的空缺而进行的涂抹。要说他没有板书吧,他确实有,黑板上写的、画的、贴的还很是充分;要说他精心设计了吧,却连画上去的画、写上去的字都是漫不经心的,就连贴上去的句型的词条都是不太整齐没有规划的。自然,教师更是没有提醒学生有意识地去留意黑板上对课堂内容的归纳和总结,仿佛那还是一块空白的黑板。

"板书失踪了!"这是曾经有人提出的痛心的感慨,我还不以为然,如今,就在我身边发生了,不觉一阵痛楚。前些年,一手漂亮的粉笔字是衡量一个教师是否合格的标准之一,"三字一画"是每个小学老师都得过关的教学基本功。在科技日益发达的今天,网络媒体教学是红极一时,许多老师都用上了多媒体课件上课,运用得当、教学得法确实令我们的教学效果倍增。但是,我想说的是,在大力提倡网络多媒体教学的同时,别忽略了延传至今的板书对我们教学的作用。

在课堂上,学生除了用听觉接受教师的信息外,利用视觉观看板书,也是吸取信息的一个重要途径。

思考

板书能给学生起到一种示范的作用:

1. 人格的示范。当老师在书写板书的时候,几十双眼睛都紧紧盯着老师划动的手指,紧紧盯着他端正的全身,紧紧盯着他严谨的态度。一个教师在板书的同时,透露出的是一种气质、一种态度:或沉稳,或大方,或含蓄,或刚毅,展示给我们学生的是一种个人的魅力,是一份可塑造的良好人生态度的模范。

2. 书写的示范。当老师在书写板书的时候,几十双眼睛都紧紧盯着老师一笔一画的过程,每一次起笔收笔,每个部件的高矮胖瘦,部件、笔画之间的穿插挪让,都在潜移默化地影响着学生。即使英文字母的书写,它也同汉语言文字一样有着极其严格的规范,想把英文写得漂亮、要用英文连写快速地记录,就必须按照正确的笔顺书写。英语老师为了节省时间,习惯把单词、句式都预先写在词条卡片上,在教学中直接出示,这样一来,其实存在一个不良后果:学生的书写得不到提高。从英语入门阶段

教学字母后，许多学生会很快忘了字母的书写笔顺，甚至有学生明明知道笔顺但是就是在书写的时候不规范。因为省却了板书，从而失去了每次课堂上示范书写的良机，导致学生没有潜移默化地学习规范书写的过程，从而书写得不到有效提高，这不能不说是一大损失。所以，老师们还是应该不断给学生一种示范、一种强调。其实，教师的每一次板书就是一次引领、一次模范、一次矫正，就是一种展现美的过程。

52　上课时要充满激情

古人云："山不在高，有仙则灵，水不在深，有龙则灵。"恐怕课堂也是这样，教师上课的激情就是那山中"仙"、水中"龙"。没有了对教育的热爱，任你教师用再先进的现代教学手段，也只是徒具其形，任你教师用再华美的语言、再动听的语调上课，也不会打动学生的心灵，震撼学生的灵魂。

著名教师窦桂梅说过这样一段话："如果说你的激情是平和宁静的，那你的激情就像春日里的阳光，温暖和煦，十分适宜禾苗的成长；如果说你是奔腾豪放型的，那你的激情就像夏日里的暮雨，沁人心脾，适宜禾苗成熟。因此，只要热爱孩子，你的平静平和中藏着的只不过是含蓄的激情——你同样会对学生的需求和兴趣爱好产生欣赏，你也会把幽默带进课堂，你还会显得有人情味，更会细心、耐心……所有这些，为课堂气氛奠定的是深沉的激情曲。"所以，教师上课要充满激情，富有激情的课堂能激起学生渴求知识、努力学习的激情，从而有效调动学生探究问题的主动性和积极性。

案例

三月中旬浙江省衢州市组织品德课赛课，对此，我们学校先行组织了

校内赛课，再选拔出优秀的教师参加正式赛课。作为一名青年教师，我也自告奋勇，报名参加了赛课的校内选拔。

经过精心准备，终于迎来正式赛课的那天。上完课后，竟是一身冷汗。还没等我喘过气时，坐在老远的副校长就对我喊："你上课怎么这么没底气呢？"于是我走到她的面前让她给我评评课。她说，我的课思路很清晰，设计也很独特，就是太没激情了，放不开，课堂气氛不活跃，没有亮点和高潮的部分，和学生之间有一定的距离。

从那以后，我一直在思考着：激情是什么？怎么样才算有激情？怎么样才能有激情？

直至4月25日我参加了"衢州市2008年小学语文青年教师（农村）课堂教学评比观摩活动"，有幸观摩了龙游启明小学赖丽珍老师的一堂课，由此深刻感受到了"激情"两字——赖老师的这一课，从课前导入到课后结语，整堂课都让人感受到激情四射，气氛活跃。

赖老师上的是一篇古文：《伯牙绝弦》。在我看来，这篇课文对于小学生来说，理解起来是有一定难度的，可赖老师用她那声情并茂的朗读、满腔激情的表演，使整个课堂气氛很融洽，让学生和听课老师都有种身临其境的感觉。

我参加过多次听课，每次都有很多老师坐在教室后面听课，这使得原本平时很活跃的班级，因太多老师听课而过度紧张，课堂内异常安静，而这时的老师也只能唱独角戏，"熬"过艰难的40分钟。所以，我觉得要让学生不紧张，在课堂上很好地发挥，那你一开始就应该把学生拉进你的课堂，让学生有种身临其境的感觉，"忘却"听课老师的存在，只沉浸在课堂里——而赖老师在这方面做得就很好。

赖老师在课堂伊始，播放了《三字经》的音乐，和学生玩拍手的游戏，跟学生打成一片，让学生只想到眼前的赖老师，忘记了身边坐着令他们紧张的听课老师。这样，学生在课堂上表现得真切自然而活跃。另外，赖老师在课堂内对学生回答的评价语也令人赞叹不已。如：当让学生把"善哉！峨峨兮若泰山！"这句话读出泰山巍峨的感觉来时，她给的评价语是："我仿佛看到了烂柯山。""我仿佛看到了江郎山。""谁还能把海拔再

提高点吗?"听到这样的评价语,学生们都纷纷举手,想要挑战。像这样的评价语,我在赖老师的课堂上多次听到,正因为有了这些丰富多彩的评价语,赖老师的整个课堂才变得更加饱满、精彩。

课堂因激情而精彩——我想,有激情的课堂,或许就是我一直想追寻的课堂吧……

思考

激情的表达、情感的传递都是要借助一定的"境"的。特定的情绪氛围的营造有利于激情的迅速传达。通过适当的环境布置,适当的教具、教学媒体,创造有利于激情的氛围,使学生触景生情。另外,要注意教学过程的各个环节,梳理出课程中情感枢纽,为成功激情设下情感点。导语设计是激情的第一个环节,可以定下整堂课的感情基调;在教学过程中,教师要根据教学的目的和要求,从宏观上不断激发、捕捉学生感情兴奋点;每堂课的结束应该是高潮所在。

在教学中,激情手段的恰当运用,对陶冶情操、促进学生健康成长不无裨益,所以在课堂上,要调整好自己的情绪,深挖教材、教学过程、教学环节的每一个情感因素,把自己对生活、对人生的感悟,通过富含激情的语言、表情、动作等方式传达给学生,展现给学生一个充满激情的教师形象。

53 注意提升作业内涵

作业是课堂教学的延续,是帮助学生巩固知识,提高学生实际运用能力,对所学知识消化、吸收及进一步升华所必需的手段,同时也是教学信息反馈的重要途径。设计、布置、完成及评价课外作业,能有效地对教学

效果进行反馈和检测，使教师的教和学生的学相对达到某种程度的和谐与统一。

教师通过对作业的对错批改，一方面可以从学生那里得到有关信息，把握学生知识掌握和能力发展的程度，及时调整教学方案，修正教学行为，确保后续教学的实效性、有效性和针对性；另一方面，学生是学习的主体，在学习过程中，学生输出信息后，从来自教师的反馈信息中得到肯定或否定的评价，可以使自己刚产生的认识得到确定，从而促进知识的接收和强化，或及时矫正自己的认知偏差，变换思考方式或理解角度，改进自身的学习策略。因此，对错的这种批改方式有助于师生双方了解和分析教学成败的原因，便于调整教学目标、进度和方法，促进教学质量的提高。

素质教育的提倡并非意味着作业要被摒弃。相反，要积极推动素质教育的发展，教师就必须充分利用作业这一环节。

案例

在朋友的帮助下，终于拿到了一个四年级的孩子比尔开学以来的全部作业，整整半天的时间，我都在研究这位四年级学生的作业。

很有意思，与我在英国看到的一样，美国小学四年级也是在学习20以内的乘法。与我们国内安排在二年级学习相比，他们在学习的难度上与我们差距较大。但是，从孩子们做的作业上分析，他们所看重的价值却与我们有所不同。

同样是"20以内的乘法"作业，我们常常是给学生列出许多个乘式，让学生算出乘积，似乎列出的越多，学生算出的越多，达成的目标就越高。而美国的老师却不这么干，他们只是把20作为一个乘积结果提供给孩子们，让他们想出越多越好的算式来。在比尔的作业本上，他列出了这样一些算式：$10 \times 2 = 20$，$2 \times 10 = 20$，$4 \times 5 = 20$，$5 \times 4 = 20$，$1 \times 20 = 20$，$20 \times 1 = 20$，$2 \times 5 \times 2 = 20$，$5 \times 2 \times 2 = 20$，$5 \times 2 \times 2 \times 1 \times 1 = 20$，$5 \times 2 \times 2 \times 1 = 20$，$10 \times 1 \times 2 \times 1 = 20$，$4 \times 1 \times 5 = 20$，$5 \times 4 \times 1 \times 1 = 20$，$1 \times 1 \times 1 \times 20 = 20$，$5 \times 2 \times 2 \times 1 \times 1 \times 1 = 20$。

在我们看来，一些算式似乎有点"胡来"，可是，美国的老师却赞赏有加，他们甚至认为，这是孩子创造性最好的表现。譬如，在比尔列出的算式中，那些重复相乘的数字里，就可能藏着孩子一个个神秘的世界。

美国孩子的作业并不像我们有些人认为的那样，既轻松又愉快，其实，要完成这些作业，他们常常要付出很多，有时也很辛苦，甚至做作业到深夜也时有发生。但是，他们的作业常常是有趣的，值得付出的，一旦得出结果，也常常令孩子和家长感到欣慰。所以，有人说，美国孩子的作业多而不累，作业任务重而没有负担，说的不是没有道理。

思 考

教师在设计、布置作业时能够很好地处理以下三个关系，则能较大程度地起到"轻负高效"的效果。

一是质量与数量的关系。多数教师认为，只有让学生多做作业才能提高自己的教学成绩，而事实上并非如此。如果教师不加筛选地、随意地、盲目地加大学生的作业量，往往起不到应有的作用。当前，各类辅导材料铺天盖地且良莠不齐，很多资料又是大同小异。因此，教师在设计和布置作业时，应进行认真地筛选，把具有代表性、典型性、趣味性和富有生活气息、充满时代感的作业挑选出来，把那些重复性的、机械性的、陈旧过时的作业砍掉，力求少而精，力争给学生的作业能够"以一当十，举一反三"，做到质高量精。这样，既能保证学习效果，又能减轻学生过重的作业量。当然，如此一来，势必要占用教师们更多的备课时间。不过，能用一个人的辛劳取代几十个人的低效辛苦还是非常值得的！

二是普遍与特殊的关系。新课程观认为：每个学生的学习方式，本质上都有它特殊性的一面。这就意味着我们要尊重每一个学生的独特个性。同时特殊性也意味着差异性，不同的学生在学习同一内容时，实际具备的认知基础和情感准备以及学习能力倾向不同，也就决定了不同的学生对同样的内容和任务的学习速度和掌握它所需要的时间及所需要的帮助不同。如果要求所有的学生在同样的时间内运用同样的学习条件，以同样的学习速度掌握同样的学习内容，并要求达到同样的学习水平和质量，就必然造

成有的学生"吃不饱",有的学生"吃不了",有的学生根本不知从何"入口"。因此,教师在设计和布置作业时要有梯度和区分度,要分开层次,不拿同样的作业去对待所有的学生。比如,在设计和布置作业时,可设有必做题(基础题)和选做题(提高题),有的同学要全做,有的同学可以只做基础题,少做或不做提高题。这样才能真正体现"因材施教"的原则,才能让不同情况、不同程度的同学都得到提高,都感到满意。

三是理论与实践的关系。在教学中绝大多数教师在设计和布置作业时,往往只布置枯燥的、理论性的书面作业,忽略了实践性、体验性和操作性的作业。事实上,学生最不愿意进行机械的抄写,最不愿意背诵记忆纯粹的概念。如果老师们在设计和布置作业时,把来自于实践的理论知识和丰富多彩的客观世界联系起来,让作业贴近生活、接近社会、融入大自然,学生既乐于接受,又能巩固掌握所学的课本知识,岂不两全其美?

54 灵活处理课堂"意外"

新课程下的课堂是一个丰富多彩的动态生成过程,经常会有与课前设计不一致,甚至相矛盾的意外情况发生。教师如何化解,如何趁势点拨,如何即兴发挥、随机调控,巧妙地把问题引导到教学的主题上来,化"意外"为精彩,就成了一门学问。

"即兴"教学突破了某一种传统的或固定的教学模式的限制,体现出教学方法的创新性。作为教师要不断提高灵活应变和处理能力,灵活处理课堂中的"意外"。我们虽然可以在课前做好充分准备,但再有预见性的教师也不可能预料到课堂偶发情况的出现;再周密的教案,也不可能为偶发情况事先设计好具体的解决方法和步骤,因为教学环境不是完全封闭的,更何况课堂教学是师生的双向交流活动,教师面对的是活生生的人,学生的思维发展、情感交流的情况,教师也不可能完全预见到。所以教师

要善于运用求异思维、发散思维，勇于打破常规，善于"急转弯"，善于营造充满乐趣的课堂教学气氛。

案例

一天下午，初二（1）班语文课正在有条不紊地进行……

"我们刚才复习了小说的人物描写，知道人物描写通常分为直接描写和间接描写。所谓直接描写是指直接刻画人物的语言、行动、外貌和心理等，所谓间接描写是通过别人的反映或环境的描写，从侧面烘托人物。为了检验大家是否掌握，老师将一段课外的古诗朗诵给大家，请大家判断一下。"

"行者见罗敷，下担捋髭须……耕者忘其犁，锄者忘其锄，来归相怨怒，但坐观罗敷。"同学们声音洪亮地回答道"间接描写"。"很好！"我带着欣赏的目光予以表扬后话锋一转："为什么青年人也好，老年人也罢，行者也好，耕者也罢，这么多人见到罗敷以后，都不约而同地停下脚步去'观罗敷'，这说明了什么呢？"一个学生洋洋自得地说："好色！"这一下班里沸腾了，还有几个"不怀好意"的学生起哄。课堂秩序一下了混乱起来了。说实在的，我当时勃然大怒，很想发火，教训教训这个不知天高地厚的家伙。但是，职业的理智告诉我，这个学生顺口说出"好色"两字，很可能是说者无心，听者有意。所以与其大发雷霆，给对方一阵疾风暴雨式的呵斥，竭尽讽刺挖苦一番，不如先冷静下来稳定课堂秩序，然后再因势利导，引导学生如何鉴赏文学作品，课后再私下找那个"调皮鬼"……

短暂的停顿之后，我在黑板上写下"好色"两字，并在"好"字下加上了着重号："同学们'好'字有两种读音，第三声和第四声，如果是动词，读什么音？请组词。""动词读第四声，如：爱好、喜好、好逸恶劳、好大喜功。"同学们不知我葫芦里卖的是什么药，齐声回答后课堂秩序稍稍稳定了。"如果是形容词，读什么音？请组词。"我见同学们已经转移了注意力，步步追问。"形容词读第三声，如：好坏、好人、好主意、好方法。"同学们好像忘了刚才的喧闹，非常认真地回答道。"很好！通过刚才的那段文字，那么大家能否用一个词概括罗敷的特点？""好看"、"美

丽"、"漂亮"、"酷"……同学们争先恐后地回答起来。我连忙说："大家说的都很对，常言说，爱美之心——"

"人皆有之。"同学们异口同声，且面带微笑。

我进一步指出："所以，见到美好的事物，我们都想欣赏一番，只是人之常情。不难看出，刚才那段文字中的青年人、老年人、耕者、行者不约而同地停下来观看罗敷，正是因为罗敷在他们眼里太美丽了，大家都想看个仔细。下面大家试着比较一下，如果说罗敷真美呀！太美啦！美得无与伦比，美得妙不可言等，这样是更具体了呢，还是更抽象了呢？"同学们高兴地回答："更抽象了。""对，如果一味地说罗敷美，只能给大家留下非常模糊的印象。如果通过众人的反映来写罗敷的美，读者就会感到具体真切，而且能给大家以丰富的想象空间。"

我看课堂秩序已经完全稳定了，接着又说："我们也常常听说某某是好色之徒，这'好色'是指心怀邪念的男子沉溺于情欲，贪恋女色。'爱美'是对美好事物的欣赏、钦佩。两个词有本质区别。如此说来，用'好色'一词来概括刚才那些人的表现公平吗？"同学们众口一词："不公平"。这时，我有意识地瞧瞧刚才那个学生，只见他惭愧地低下了头。我最后小结："通过我们大家刚才地分析，在把握文章的人物描写中，应该注意什么和什么的结合，才能收到较好的描写效果呢？""直接描写和间接描写相结合。"同学已经心领神会了。

这节课十分顺利地完成了任务，而且学生掌握较好。我也很好地平息了"好色"风波。课后，我找到那个学生，他显得很惭愧，说他当时觉得感动，他要让我看他以后的行动。后来，他果不食言，课上积极主动地回答老师的提问，经过不懈努力，成绩大有长进。

思考

接纳学生的感受和声音，是以学生为主体的具体表现。新课程为学生发展提供了广阔的空间，也为学生提供了更多的"言路"。老师面对着"众说纷纭"，如何进行应对，显然是一个新问题。

学生中"别样的声音"，往往让教师措手不及。处理这类问题，很大

程度上体现出教师的知识水平和应变能力。很难想象，一个平时笨嘴拙舌、知识匮乏、思维迟钝的老师面对"突发"问题时，能够从容不迫，挥洒自如。遇到难题，先不要急着下结论，要思考问题的原因，再寻求妥善的解决方法。案例中的学生就是一个学习困难的学生，教师没有排斥他，而是接纳了他，并顺着他的思路展开了教学，就很自然地处理了学生脱口而出的问题。

55　合理运用课堂奖励

不同的学生对表扬与奖励的反应不同，故应因人因时因地采取不同的表扬与奖励方式，这一点要求老师要严格地分别：即是口头表扬还是以光荣榜的形式写出来；是当众表扬还是单独谈话时称赞；是精神表扬还是物质奖励。对经常调皮捣乱、破坏纪律、人缘不好的学生，当众表扬他，这样可以帮他恢复名誉，创造利于学生树立优秀品质和行为的环境；对性格内向、成绩落后的学生，找他单独谈心，表扬他遵守纪律的优点，鼓励他上课大胆发言，积极参与活动，改进方法，提高效率；对考试进步大的学生，发几个作业本给他以示奖励，这样运用不同的方法针对不同学生进行表扬，效果很不错。

不过教师应慎用物质奖励，过频的物质奖励方法容易使学生养成追求物质的不健康心理，物质奖励要以有利于学生的学习和全面发展为前提。

案例

下面是一个优秀教师的关于奖励的感想和经验：

在课堂中使用奖励的方法是建立在心理学积极强化原则之上的。有关课堂奖励的方式有很多，譬如微笑、口头表扬、鼓掌、奖励物质等，美国

教育家卡罗尔·西蒙·温斯坦在《中学课堂管理》一书中将奖励分为三类摘要：社会奖励、活动奖励和有形奖励。

常用的社会奖励诸如微笑、竖拇指、拍后背等，这是一种比较方便快捷的奖励方式，给人的感觉也很自然，是教师看到学生表现好了很自然的情感流露。及时表达自己的情感能让学生感受到老师的真诚，而且能让他及时清楚自己在哪方面做得比较好，以便进一步发扬。口头表扬也能起到社会奖励的功能。以恰当的方式表扬学生，可以显著地提高他们的学习积极性和学习成绩，这就要求表扬必须是真诚、具体而具体的，不是一句简单的"你真棒"、"做得不错"就敷衍了事，学生希望知道他们到底是因为什么而受到表扬的，在他们清楚了自己受到赞赏的行为举止后，他们会继续保持或加强它。美国教育家纳卡穆拉认为可以分三个步骤来表扬学生：

1. 你对学生的行为表现的反应；
2. 对学生行为表现的描述；
3. 为什么学生的行为、表现会使你产生这样的感受。

这种表扬的模式可总结如下摘要：

1. 我觉得（和学生分享你的感受和情绪）……
2. 有关（阐明学生的行为）……
3. 因为（对老师的益处）……

这样的表达方式能使学生更加轻易接受，而且能使学生理解老师，同时也了解自己。除了简单的肢体动作和口头表扬，还可用别的方式进行社会奖励，例如给学生写信、展示学生的作业、口头引用学生的作品、颁发奖励证书等。值得注意的是，老师的表扬应当和学生对成功的观念相符，当表扬和学生对自我的评价不一致时，会导致学生失去对老师的信任，成为师生之间进一步交流的障碍。

教师还可用"非凡活动"作为对良好行为和成绩的奖励，譬如给他们放一场电影、听一段音乐、去图书馆自由阅读或举办晚会等都是很好的奖励性活动。

最后，教师可以使用有形的物质奖励奖励良好行为。这种奖励是给学生一些有价值的物质奖励，例如笔记本、书籍、钢笔等。物质奖励能清清

楚楚地表明教师对学生的关注和重视，因而普遍受到学生的喜欢。但使用这种奖励受到的局限较大，因为必须考虑自己的经济状况。有的班主任会利用班费奖励表现突出的学生，但不同学生的优势不同，还涉及到一个公平性新问题。有人认为，给学生有形奖励以换取良好的行为和学习成绩无异于行贿。但是，当一项教学活动很无趣，尤其是为了巩固某些知识或某种技能不断反复时，学生可能会降低喜好，这时，外在的奖励能够帮助他们保持对这些任务的喜好。就连瑞安和德西这两位坚持独立自主重要性的美国心理学家也承认，教师"不可能依靠内在动机鼓励学习"，因为"许多教育者想让学生完成的任务本身并不有趣或者令人愉悦"。而假如学生对某项活动表现出浓厚的学习喜好，则没有必要设定对这项活动的奖励。

思 考

奖励是一种策略，更是一种艺术。奖励得当能收到非常好的效果，但奖励过频过滥，或者让学生对此产生依赖，奖励就失去了意义。我们要用研究的心态去关注教学中的每一个细节，适时奖励，适当奖励，这样才能真正促进学生的发展。

56 经常梳理课堂

实施校本教研以来，"关注课堂"、"聚焦课堂"、"研究课堂"等口号声一浪高过一浪，公开课、观摩课、示范课等一堂接着一堂，听课、说课、评课的教研活动一个连着一个，课堂既是一种研究的趋势，也是提高教学质量的核心所在，以至于有的专家提出了"课改最终发生在课堂上"的观点。然而，为什么要走进课堂，在课堂里做些什么，走出课堂后还要做些什么等一系列问题并没有引起教师们足够的重视。实施"行为跟进"

的教学研究策略——梳理课堂，就是针对传统教研中"无准备，无主题，无反思"的三种现象提出来的。教师们不应该只讲究活动形式的翻新，对于课堂中的观察目标、教学细节、探究反思等也要做得十分认真，使梳理课堂成为校本教研的必要环节之一，有效促进教师的专业发展。

教师每天面对的不是学术资料、观点争鸣和理论走向，而是背景迥异的学生，课堂上讲的是原理公式、字词句文，课外做的是备课、改作业、辅导学生。从某种意义上说，从校本教研中梳理出来的"小课题"虽然微观而琐碎，但对教师专业成长的积极作用是无法否认的。所以，教师要十分重视学生的要求，梳理自己的课堂。

案例

自诩连续七年教六年级数学的我闭着眼也能将书从头教到尾，也自诩在学校教书水平还可以，好多家长愿意将孩子送到我的门下，没想到我竟"栽"在一个学生身上！

那是六年级一开始的一节分数乘法计算新授课，课堂上我按部就班地带领学生探究计算法则。此时只见陈曦眼睛发呆，肯定是开小差。再看还有几名同学东倒西歪，像在听实际并没有听。陈曦是教师家的孩子，家长打过"招呼"。听前任老师说他对感兴趣的课才会认真听，我得管管他。

"陈曦，你在干什么？"我大声喝道。

他摇摇晃晃地站起来，一脸的不在乎。

"上课不能开小差，不然成绩会下降的。"我苦口婆心。

他脸通红："我不是开小差，你讲的东西我早就会了，我不想听。"从来没有学生敢当面这样评价我的课堂教学，我不禁怒火中烧，但考虑到自己的教学任务还没有完成，于是我深深地吸了一口气，竭力恢复自己内心的平静。

"你会了，也要仔细听！"接着开始我的教学，学生的听课状态比刚才好多了，但我心中却多了一个疙瘩。

下课时我问学生："今天这节课，还有哪些同学早就会了？"我鼓励学生实事求是地举手。在犹豫中举起几只小手，基本上是成绩好的学生。

"你们对今后数学课有什么建议和要求吗?"我面露坦诚而急切状。陆陆续续有几个同学发表自己的看法:

老师要把课上得有趣一点,要能引人入胜。

老师不要说与数学课无关的话。

有些不用你讲我们就会的知识,可以不讲,最好上得精彩一点,要不然让人觉得没意思。

……

课后我陷入了反思,学生的要求是合情合理的,如果再沿袭传统的上课方法,不就是穿新鞋、走旧路吗?

以后的教学中,我课前努力钻研教材,新授课努力创设各种情境,特别是日常生活情境,引领学生寻找知识的生活原型。复习课开展各种活动,如比赛。学生的热情高涨,班级成绩遥遥领先。现在这批学生已临近毕业,留给我的是许多值得回味的课例。如"倒数的认识"从中国汉字引入;"按比例分配"从班上徐冶和万春景曾合伙买过一个烧饼说起;"圆的认识"从投球比赛论起;"平面圆形的周长和面积"以一个情景解决若干实际问题……这些生动的课例为我开展教学研究积累了一定的材料。

思考

经常梳理自己的课堂,有助于调整自己的教学心态,改进自己的教学方法,促使自己从经验型向科研型方向发展,提高自己驾驭课堂教学的能力。"以学生为主体"是新课程的基本理念,教师面对的学生正处在求新求变的阶段,渴求丰富多彩、欣赏标新立异,不愿意迎合他人、逆来顺受。因此教师要认识他们,了解他们的需求,尊重他们的兴趣,才能使教育教学深入学生的心中。

57　养成问课的好习惯

"问"是一种艺术，一种探索，一种回顾。只有"问"，才能激起进一步探索的欲望，也才能发现自身之不足，从而找到快捷的前进之路。

作为教育者，"问课"是一种最基本的专业成长方式。通过问课，可以从课堂教学过程中的各种现象（尤其是教学细节）抓住教学中的成功与教训的痕迹，感觉到预案设计的变化，更能捕捉到瞬间闪现的生成因素，从而发现自我教学上的一些规律。

但是，问课不能只是课后问，课前问也是必不可少的。比如，针对个人发展的实际，学生现有认知和学习心理特点以及教材特点等方面问问自己。如"教什么"，"怎么样上课"，"为什么这么样上课"，"应该怎么样上好这堂课"，"可能会有哪些突发性事件，该如何调控"，等等。这样三思后而行，才能提高课堂教学效率，课堂目标达成度才高。

案例

针对课堂教学状况，我认为，教师应该询问的对象包括：

一、问自己

（一）针对自己的课堂教学设计，教师要善于"课前问"

例如：应该怎样设计？为什么要这样设计？我还可以怎样设计？我在教学人教版四年级（上）《What would you like?》第二课时前，是这样进行"课前问"的：

1. 本课时为单元中的第二课时，是一节对话教学课。它必须起到带旧入新的作用，重点是让学生理解和掌握就餐时的基本会话用语。我应该如何设计比较真实的活动情境，让学生在活动中习得并运用语言呢？基于

以上这些基本点，我设计了一个关于"野餐"的教学活动。

2. 当我设计了"学生野餐"这个教学活动后，我这样问自己：我为什么要设计这个教学活动？这个活动能帮助我解决什么问题？还有更好的设计方法吗？最后，我保留了这个活动，又添加了一个"学生张鹏野餐回家后问妈妈晚餐吃什么"的小活动来进一步操练语言，使语言的输入和输出在活动中得到有机结合。就这样，多问问自己，三思而后行，定能提高课堂效率。

（二）在课堂教学过程中，教师要关注"课中问"

有时候，我们自以为完美无瑕的预设往往会导致生成的"难产"。这时候，我们就应该多问问自己：我的设计是否超越了学生的认知水平？另外，当课堂中出现了难以预料的问题和尴尬时，我们也不妨多问问自己，及时调整教学策略。这样做既可以避免教学中出现的尴尬局面，又能发现意外的精彩，碰撞出智慧的火花。

如上所述，我在教学中设计了这样一个生活情景：张鹏中午野餐回家后感到肚子很饿，就问在厨房里准备晚餐的妈妈晚饭吃什么。通过这个活动，学生很自然地就会借鉴使用课文中的句子"Mom, I'm hungry. What's for dinner?"而当我顺势说出另一个句子"What would you like?"时，不少学生感到茫然而无所适从，产生了两种结果：一部分学生回答不上来；一部分学生用句型"I like..."来回答。怎么会产出这种结果，我感到困惑不解，凝思片刻，我马上找出了原因：学生没有充分的语言应用基础而望文生义。于是我先以自己为例："I'd like some milk and bread for breakfast. I'd like some fish and soup for lunch. What would you like?"通过我的耐心示范，学生们茅塞顿开，接着就你一句我一句地说开了，刚才那些望文生义的学生也在同伴的回答和我的肯定中悟出了自己的错误之处，课堂也因此生成了很多智慧和精彩。

（三）在上完课后，教师要坚持"课后问"

下课，只意味着一堂课的结束，而教学活动还远远未结束。教师要及时反省，反思本节课的教学效果，总结出教学中的精彩和遗憾，特别要反思课堂中出乎意料的、创造性的收获和需要改进的地方，便于今后在教学中

扬长避短。

二、问学生

学生是课堂教学的"晴雨表"。教师应及时询问学生对自己课堂教学的意见，包括学生现有的认识水平、听课的情绪、学得的效果、学习的困惑、需要教师怎样教学的愿望等。这样便于课堂教学充分体现"一切为了学生的发展"的新课程教学理念，便于及时调整课堂教学策略，发挥学生的主体作用。这种方式可以让老师兼顾个体，因材施教，注重教学的多样化，给予学生最大的空间发挥个性与特长。当然，也要注意引导学生正确地认识教学过程，否则可能会降低教学绩效。

当这节课结束后，利用中午的时间我询问了几个不同英语水平的学生。他们的意见还真让我眼睛一亮，获益匪浅。有的说，老师你不要老是自己问问题，可以让我们自己互相问答；有的说，老师你不要总是问卡片上的食物，其实我们还知道一些别的食物；有的说，老师你不要同一个问题只问一两个学生；还有的说，老师你能不能在课堂上多跟我们做一些游戏……

三、问同行

记得有一位教育专家说过："校本教研的最高境界就是教师之间无组织的、随意的争论和商榷。"俗话说："当局者迷，旁观者清。""三个臭皮匠，胜过一个诸葛亮。"是啊，教师应倾听同行对所听或所了解到的有关自己课堂教学情况的意见或他们自己对课堂的见解，这种意见实用性强，便于自己长善救失，有利于教师更好地改进教学工作。那节课后的一个星期，县里刚好有一次教研活动，有位老师也上了一节同一内容的课。这位老师在课尾时设计了一个调查活动，通过小组合作的方式，用句型"What would you like for dinner? I'd like some…"让学生们去互相询问组内的同伴，并做好调查记录，最后由各小组组长进行汇报。这个活动既集中操练了本课中的重点句型，又很好地解决了语言的输出问题，同时使每个学生都得到了操练的机会，真可谓一举多得！让我感触颇深。

思考

问课，让教师更加智慧。在问课的过程中，无论是精彩片断汇集中的

经验积累，还是教学困惑解疑时的理论追寻，都可促使老师由"叙事者"逐渐成为"研究者"，从不断反思的教学实践活动中去提升教学能力，提升实践智慧。

老师的阵地在课堂，而课堂教学是开放的，是在动态中生成的，具有诸多不确定因素，课堂中老师的教学水平和效果更多取决于他的教学实践智慧。教学不仅需要科学，更需要艺术。老师的实践智慧正是一种植根于直觉思维的课堂教学艺术。实践智慧的姿态是独一无二的，是教师个性化的一种艺术创造；实践智慧的形态是难以言传的，是教师熟能生巧、巧能生花的艺术表现；实践智慧的状态是即时生成的，它看似信手拈来，偶然得之，实际上是长年的经验积累和实践反思的艺术结晶。

让问课成为我们反思教学的习惯，让我们从问课这一细节开始，对今天的课问一问，把明天的课想一想，在夜深人静的时候翻一翻问课所得的只言片语，串起一个个教学故事，理一理自己纷繁的思绪，理出个所以然来。谁都能够在不断的问课中盘点成败得失，总结教学经验；在不断的问课中反复实践调控课堂，锻炼教学机智，久而久之，熟能生巧；谁都能够在不断的问课中获得属于自己的实践智慧而更好地站立在课堂上。

58　试着跨学科听课

新的基础教育课程改革纲要明确指出："改变课程结构过于强调学科本位、科目过多和缺乏整合的现状"，这就要求教师们要打破学科本位的思想，站在促进学生全面发展的高度上，关注各个学科。而关注各个学科最直接、最有效的方式就是教师要跨学科听课。

跨学科听课有助于了解学生的整体学习情况；有助于各科教师相互学习、交流，不断提高自身素质；有利于教师根据各学科之间的联系，更合理地编排教学内容；有利于全面地了解、评价学生，促进学生充分发展。

因此，跨学科听课也应是一种不可缺少的听课方式。

案例

本人从走上工作岗位，一直从事数学教学工作，听得最多的课也是数学课，所以，在头脑中不知不觉地形成了一些固定的数学课堂教学模式。如首先创设问题情境或复习旧知，其次就是教师讲解知识的形成，通过逻辑推理验证定理（公式）的正确性，最后进行巩固和应用。

近几年来，我有机会听了一些其他学科教师的课，让我受益匪浅。通过这些听课，使我深深感到自己的不足，更领略到其他学科教师不同的教学风格。在语文课上，我被语文老师丰富的情感所折服，为学生饱含深情的回答所陶醉。在科学课上，同学们在大量的观察实验下，得出经典的结论，学生熟练的动手能力让我赞叹不已。在体育课上，学生的活动是那么的投入，对于每一个动作，做得都是那么认真。在音乐课上，优美的旋律、舒展的节奏深深打动了我……

在听课过程中，我不仅学到了许多教学经验和技能，了解了一些新颖的教学模式，还拓宽了自己的知识面，加深了对教学的理解。更把学到的知识用在自己教学中，我不再只凭借一枝粉笔和一张嘴满堂灌了。在我的数学课上，学生的动手机会多了，课堂气氛活跃了，我教得轻松，学生学得更轻松，学生分析问题和解决问题的能力强了；在我的数学课上，师生之间的交流多了，关系融洽了，学生学习数学的劲头足了。

思考

随着课程改革的进一步深入，对广大教师也提出了新的要求，学科内容、思想的交叉渗透要求我们既有较强的专业知识，还要有较宽的知识面。教师不应只关注学生本学科的知识与技能的发展，还要培养他们的科学情感态度与价值观。跨学科听课可以使教师横向了解教学改革的发展与趋势，及时吸纳先进的教学理念和教学方法，变得更成熟。

59 听课中要"品"课

现实中，很多人忽视听课，即使去听课，也没有完全进入状态，甚至以自我为中心听课。很多时候都是从自己学科的角度去审视教师的上课，去评价教师的课。听课带着应付的心态，必然是草草了事；带着看出丑的态度，必然看到的都是一些落后的教育和理念；带着领导的居高临下，必然难以进入真正听课的角色中去。为听课而听课，为学习而学习，等于敷衍塞责。

提高听课质量的根本途径在于换一种思路、换一种心态，以"品"课的心态走进教师的课堂，哪怕是一个新上讲台的年轻教师，都要采取欣赏的心态去"品"课。尽管年轻教师经验不足，但是却有一股拼劲、闯劲和创新精神，他们能够也敢于打破传统教学方法和教学模式，常常喜欢用很多新奇的思路和教育方法，甚至很多是老教师想所未想、闻所未闻的新思路和新方法，这些新思路注入现代教学课堂，必然激活整个教学活动。"品"课，才能品出味道，才能和上课教师一道真正走进课堂，完全进入上课的角色，唯有如此，听课教师也才能取长补短，取得收获，才能达到听课、评课的真正目的。

案例

4月份，我到睿泽中学进行生物研讨课的活动，先后听取了十位初一、初二生物老师的课，十位教师充分利用多媒体和翔实的课内外资料，充分发掘教学资源进行教学，在讲授中充分利用动态语言和身体语言，使学生在课堂中生动而活泼，极大地发挥了学生的想象力和主观能动性，最大限度地调动了学生参与的主动性，充分挖掘出了学生的潜力。几位教师表现

出的新思路、新设计、新观念给我留下了深刻的印象。

教师们通过精心的教学设计，做到了新课引入趣味化、揭示概念深入化、点拨规律条理化、练习形式多样化、选题难度层次化、教学方法灵活化、教学技巧艺术化。真正体现出我们教师的角色是"导演"、是学生自主学习的"引路人"。

通过这次听课活动我对新课改有了更深的认识。教学改革就要创新，观念的更新是教育生存和发展的前提。在以后的教学中我要努力做到以下几点：

1. 认真学习教育理论和当前的教育教学先进经验，以指导自己的教学，使自己的教学再上一个新的台阶。

2. 钻研新课标，转变教学观念，认真备课，研究教学方法，课前制定出切实可行的教案。

3. 努力开发多方面的教学资源，丰富教学内容，开拓学生视野，为学生的自主学习创造条件。

4. 上课时大胆放手，培养学生的自学能力，分析问题、解决问题的能力，探究能力，培养学生的小组合作意识。

思 考

听课是一项能让听课者与上课者双方均受益的活动。但是，如何全面地阐释听课的作用呢？由于听课者的立场、目的不同，对于听课作用的认识各异，有的强调听课的评估作用，有的强调听课的监督作用，有的强调听课的研究作用，等等。这些不尽相同的观点，为我们全面认识听课作用提供了坚实的基础。概括起来说，通过听课活动，上课的教师能经常地调整教学过程，提高课堂教学的质量，升华课堂管理的艺术；而对于听课者来说，发现别人的缺点时，可以增长自己的业务知识，更为重要的是可向上课者汲取长处，从各方面得到提高和发展。

听课活动也是教学管理的一个重要环节，是强化教学管理的有力措施。搞好听课这一有益教学的群体性活动，对教学管理而言也能收到多方面的作用。当前，在推进新课程改革的过程中，听课的作用不仅不会被消解，相反在某些方面还会得到强化。

60 让课堂的每一天都是新的

作为教师，每个人都希望自己的教学与众不同，能给人耳目一新的感觉。但是，很多孜孜以求、锐意革新的优秀教师、教育名家不断地对课程内容进行深入探索和推陈出新，有的教学内容甚至已经被名师们雕饰到近乎完美的地步。要想与众不同，令人耳目一新，谈何容易。那么，如何达到这种教学的境界？这需要我们不断努力，每天让课堂改变一点点。

课堂的每一天都应该是新的，不可能也不应该是重复的。课堂是展示教师创造力的场所，教师应该努力克服工作上的机械性与思想上的惰性，使自己的课堂每天都有自己的东西，一点一滴地产生自己的思想，形成自己的智慧。教师应该以素质教育为目标，精心设计每一堂课，找出课堂40分钟教育的最佳方案，给学生提供自主探索、猜测、操作、分析和交流的机会，激发学生的学习兴趣，培养他们的创新能力，让课堂每天都是新的，让学生成为课堂上生气勃勃的主人。

案例

同学生接触多了，越来越深切地感受到他们是多么地"喜新厌旧"。教育学生热爱班集体，刚说一句"每一位同学都是班级小主人"，下面就有几个学生就接口"人人要为班级争光"，感觉教育特失败。上语文课，我总按照"自由朗读课文—推荐好句子—分段"这几步来做，几篇课文学下来，学生就一副"全知道"的表情，我和他们一样，没劲。

苏霍姆林斯基说过："任何一种教育现象，孩子在其中越少感觉到教育的意图，它的教育效果就越大。"于是我决定改变，给学生带来意外和精彩。

学生最反感老师婆婆妈妈，天天念叨一个经，那样最容易使学生倒胃口。为了让他们能重视课前准备，那天晨会，我向学生讲了自己的梦：擦了一晚上的黑板。大家哄堂大笑起来。等他们静下来，我不露声色地继续："因为太重视上课前的准备工作了，我也很在乎大家的表现。唉！"最后一个字拖得又长又重。说真的，当时我倒是真的投入了感情，学生全部停止小动作，教室里鸦雀无声。从此以后，上课前的黑板总是干干净净的，上课的纪律也好多了。

为了激励学生努力学习，我讲了一个"玉不琢不成器"的故事，正当他们听得津津有味的时候，再抛出"思考题"：你们怎么想的呢？在猛然醒悟间，最后总结出"人不炼不成材"的名言。

同学之间不团结闹矛盾了，我就讲一个"钉子与墙"的故事……

越来越感受到每次踏进教室，学生眼里充满了期盼，期盼我带给他们更多的惊喜。成为学生喜爱的老师，课也成为学生喜爱的课，我尝到了善变的欢乐。

思 考

给学生一份惊喜，要求教师有一双赏识的眼睛。善于发现学生的每一点进步，善于捕捉学生的每一个闪光点，善于肯定学生每一次大胆的创意，哪怕是一个美丽的错误……教师要把赏识的阳光洒向每一个孩子，温暖他们稚嫩的心灵，让他们快乐成长。

给学生一份惊喜，要求教师有一颗诗意的心灵。让每一堂课都给学生带一点新鲜的感觉，而不再是"似曾相识"甚至"老生常谈"。相信每个别致的创意会让教室"蓬荜生辉"。课堂上有了学生的啧啧称奇、拍手叫绝，何愁群情不激奋呢？

课外提升篇

61 对自己的仪表负责

广义上说，教师的仪表包括三个方面：精神面貌、仪容和言行举止。

精神面貌，是教师形象的灵魂，也是教师言行规范的心理基础。没有它，就算有再端庄的仪容、再斯文和谐的举止也不可能成为仪表优秀的教师。新世纪的教师，其精神面貌应同时代精神相合拍，给人以朝气蓬勃、振奋昂扬之感。

仪容，指人的仪态风貌，即人的外貌和服饰方面的修饰。教师形象的美在于充内形外，既有内在美，又有外在美。对外貌的基本要求是整洁。教师要有良好的卫生习惯，面要净，发要理，牙要洁。对服饰的基本要求也是整洁。衣贵洁，不贵华。教师服装不必都追求质料华贵，款式时髦，有时旧而整洁，反而更显其风度和涵养，给人以干净利索、精明能干的印象。一味求新鲜，追时髦而又不修边幅，则会显得落俗、平庸、格调低下。

一个教师的形象，还表现在他的举止、谈吐、表情、态度上。这些仪表风度反映出一个教师的思想情操、意志、品德、人格、学识水平等，也是教师心灵美的主要标志。马卡连柯说："教育工作人员和学生一样，需要说话的时候才说话，需要说多少就说多少，不能随便靠在墙和伏在桌上，不躺在沙发上，不随地吐痰，不抛掷烟头。"因此，为留给学生良好的仪表印象，一个教师还应注意自己的举止风度。

案例

下面是江苏省苏州市工业园区第三中学副校长焦晓骏的亲身经历。

午休时，一位外校的中层干部来办事，顺便到我办公室一聊。寒暄过后，我不经意地发现他牙缝里竟然塞着些菜叶什么的。为避免尴尬，讲话

时我有意不去看他的嘴，以至于也无法在他滔滔不绝时凝神注视他的眼睛，更无法静心聆听。他小坐片刻后便急于告辞，说是"赶下午的第一节课"，然后匆匆离去。

平心而论，我觉得自己的反应有些莫名其妙。这位教师是区某学科的骨干，我一直尊敬有加。为什么几根安置得不是地方的菜叶会使我突然感觉恶心？我甚至还在想象：如果他就这样，带着满嘴的菜叶直接到班上课，他的学生对老师的这份尊容会作何感想，会不会也有不少平日里喜欢他的课的学生会像我一样不忍看他说话？而且极有可能，学生们对他中午"菜单"的研究会延续到课后的许多个日子。

记得上高三的时候，我们班有幸遇上了一位姓鲁的地理教师。这位皮肤黝黑、其貌不扬的中年人并不是科班毕业，但他骄人的高考"战绩"使其在全县享有极好的口碑。在他的课上，复杂难懂的地理知识往往夹带着乡土气息的笑话、顺口溜、歇后语，显得特别易记，所以同学们都十分兴奋、轻松，而且学习效果也很不错，所以我们对他由衷地敬佩。

然而，当多年后同学们相聚并谈起过去的教师时，我发现大部分人并不喜欢鲁老师。原因很简单：这位过于不修边幅的教师给大家留下的印象还有大烟牙、口臭和缺乏条理的生活能力。风趣的言谈、搞笑的包袱早已淡然，而他忘记系上裤扣站在讲台前的形象却偏偏历历在目……

思考

仪表是一个人气质性格、文化素养、审美观念的外部表现。干净整洁的仪表，也是对他人的尊重。教师仪表是教师风范的内容之一。中小学生善于模仿，教师的仪表对学生审美观的形成起着重要作用。他们的审美观正处于形成期，教师仪表的好坏会使他们直接产生好感和反感，从而影响教师在学生中的威信，乃至他们上课时的效果。教师一走进课堂，自然成为学生注目的中心，一言一行对学生的影响极大。优雅的风度、脱俗的气质、优美的语言、整齐的衣着、端庄的外表、工整的板书等，有助于陶冶学生的思想情操，对学生行为产生潜移默化的作用。在强调培养人文精神的今天，教师必须对自己的仪表负责。

62 教师也需要烂笔头

俗话说，好记性不如烂笔头。对普通教师而言，要教好书，最重要的就是要善于实践、思考并记录，而这正是一个普通的教师成长为一名教育专家的关键所在。因为当一位教师在日常工作中一边实践、一边思考、一边写作（记录）时，他就已经进入了教育科研的状态了，而且这种研究带有鲜明的人文风格与个性化色彩，这是一线教师结合自己的时间进行教育科研的最佳方式。

教育研究之所以与一般的自然科学研究不同，在于它更多关注的不是因果，不是规律，不是物性，而是价值、精神、人性。教育学研究的教育现象，不是精确的而是模糊的。教育日记的写作不仅仅是单纯的写作，它必须伴随着实践、阅读与思考。教师的日记写作，是教育思考很重要的途径。写作的过程，就是教师反思、审视、总结、提炼、升华自己的教育实践的过程。

案例

对于教师来说，写作的重要性大家都很清楚，引用一位特级教师的话，就是："笔耕不止，是教师提高自身素质的有效途径，是造成教师杰出教育成就的熔炉，是壮丽教师辉煌教育人生的摇篮。"显然，这位特级教师关于写作对教师成长的作用评价很精练，但是，我还是想从个人角度谈谈写作对普通教师的作用：第一，随着年龄的增长，人的记忆力是会衰退，如果我们不把我们的心得、体会及时地写下来，我们的很多收获会随风而逝，再碰到类似问题时，又要重新思考，造成脑力劳动的浪费；第二，好的想法是思想碰撞的火花，如流星、昙花一现，转瞬即逝，若不及时捕捉，可能会永远失去。

俗话说，道理谁都明白，怎么落实呢？我觉得，首先，可以从摘记做起，阅读时，精彩的一句话、一段文字、一篇文章、一个图示、一种解题方法、一份构思精巧的教案都可以成为我们摘记的对象，有的时候我们会觉得摘记很麻烦，那我们可采用复印、剪贴的方法，这样，我们既达到目的，又节约了时间，做摘记的好处是——为我们自己的写作积累素材，还可以让我们对写作的行文结构很熟悉，不至于生疏；其次，要坚持写教育随笔，最好每天写，不一定要写很多，可以是几个字，可以是一个结论，也可以是一种解题方法，也可以对课堂的成败反思。

我衷心希望自己和各位同行都养成写作的习惯，在自己的教育生涯中耕耘出一片精彩的土地。

思考

教书育人是我们传统教育的基本着力点，教师只要把这两个方面做好，我们的教育就好了，但是，现代教育课堂则不一样，不仅要求教师教书育人，还要求教师要研究学生、研究教学课堂、研究教材与教参，研究开发出本校教材，走适合自己与自己学生的个性化教育道路。因此，现代化教学课堂要求教师向专业化教师发展、向专家型教师奋进、向教育家型教师靠拢，这就要求教师进行大量研究，走教学—研究—写作—教学的道路，以研究带动写作、以写作带动研究，促进现代课堂的纵深化发展。

63 虚心向别人学习

教师，肩负着引导人成长的重要使命，因此应该比其他任何人群都更关注自身的成长、自身素质的提高。没有与时俱进的成长，没有素质的提

高，就很难完成自己的使命。学习是人们实现成长的主要途径之一，而向别人学习又是学习的一个重要方面，如果不向他人学习，那人们自身的成长就会像缺少某种维他命一样缺少营养。

教师向周围人学习，首先要从教育家那里汲取思想营养。其次，还要向当代的优秀教师学习。再者，作为教师每天要与多少青春学子一同徜徉于求学之径，如果能不耻下问，真诚而谦虚地向学生学习，不仅是对自己学识的充实，也是对学生学风的一种熏陶。那样，"弟子不必不如师，师不必贤于弟子"就不只是一个简单的比较，而是一句切实的写照了。不管是向谁学习，最重要的一点要把别人的东西变成自己的东西。只有这样，学习才能真正体现出它的意义。

案 例

蚌埠龙湖中学的刘维熙在20世纪70年代刚走上教学岗位时，对教学工作存在片面的认识，下面是他的一些感悟。

刚当教师时，我有点瞧不起老教师，片面地认为他们是旧人、旧思想，教学方法也是旧的。我还觉得自己原来就是搞文字工作的，年纪又轻，精力充沛，要搞好教学工作，不费劲。

可是，时隔不久，我在教学中就遇到了一些难题。有一次上课时，我发现一个学生不认真听课，老是在做小动作，还惹旁边的同学。我批评了他两次，他都不理睬。当时我想，要给他个"下马威"。放学后，我便把那个学生留了下来，狠狠批评了他一顿。可是，出乎我意料的是，那个学生后来上课还是那个老样子。

我感到有点束手无策了。于是，向一位老教师请教，并按照老教师介绍的他在教育调皮学生方面的做法和体会，多次找那个学生谈心，耐心地对他进行说服教育，我还向他检讨了自己一开始对他的粗暴态度。这个学生很受感动，很快克服了上课不遵守纪律的缺点，学习成绩也不断提高。

在开始教学生写作文时，自以为写作不外行，教作文还不是拿手好戏？于是，我便滔滔不绝地向学生大讲特讲写作的理论知识。由于我在讲课时，脱离了学生的实际，学生接受不了，满堂灌了几节课，学生还是弄

不懂，作文水平提不高，我感到很为难。后来，我请教了一位老教师。他热情地告诉我："学生对一些写作知识接受不了，主要是你在讲课时，没有紧密联系实际。要想叫学生能够理解，结合校内外实际，结合学生的生活实际，结合语文课文的内容，用通俗易懂的语言讲解，学生才容易搞懂。"我照这位老教师讲的办了，果然效果较好，学生不仅初步掌握了写作的基础知识，实际写作水平也不断提高。

以上两件事使我深刻体会到：许多老教师，积累了丰富的教学经验。他们的思想和业务上的专长，正是我们青年教师搞好教学工作需要学习的，只有虚心向老教师学习，不断提高自己的教学水平，才能担负起培育接班人的重任。

思考

教师所知永远只是沧海一粟。正如前苏联教育家加里宁说："教师一方面要献出自己的东西，另一方面又要像海绵一样从人民中、生活中和科学中吸取一切优良的东西，然后再把这些优良的东西献给学生。"要成为一名优秀的教师，就要有从师的美德，善于发现别人的长处，虚心学习别人的优点，只有这样才能积小善为大善，积小能为大能。孔子也曾说过："三人行，必有我师焉。"每个人都有自己的闪光点，都有值得他人学习的地方，所以我们不能只以学校的教师唯上，而忽视了生活中的老师。

64 多读书不是坏事

苏霍姆林斯基在许多条建议中都提到，教师要提高自己的教育素养，就是要读书，读书，再读书。要把读书当作第一精神需要，当作饥饿者的食物。要有读书的兴趣，要喜欢博览群书，要能在书本面前坐下来，深入

地思考。确实，我们教师教给学生的那点基础知识，只是沧海一粟，教师要想提高自己的教育水平，在教学时游刃有余，这就需要持之以恒地读书，不断地补充自己的知识储备，使自己的知识海洋变得越来越宽广。

只有读书，才能充实我们的头脑，提升我们的思想，才能让我们摆脱"坐吃山空"、"无物可教"的尴尬境地！苏霍姆林斯基说过："一个真正的人应当在灵魂深处有一份精神宝藏，这就是他通宵达旦地读过一两百本书。"

案例

一天，我听一位青年教师讲课，讲到商鞅变法时，他说："商鞅后来被车裂而死。同学们，你们知道什么是'车裂'吗？'车裂'就是让车轧死。"我听了大吃一惊。谁知那位老师为了激发学生的兴趣，还接着开了个玩笑："车裂可不是车祸，是特意让车轧死。"学生哄堂大笑，我感到尴尬难堪。

稍有点历史常识的人都知道：车裂是中国古代的酷刑之一。施刑时，将犯人的头及四肢分别缚到五辆车上，由马引车前进以撕裂其身体。一般情况下，它专用于谋反、篡位等大逆不道的人。

这位老师在讲到变法内容"令民为什伍"时说："'什'就是十个人，'伍'就是五个人。"这又闹个笑话，其实，"什"是指十户人家，"伍"是指五户人家，根本不是什么十个人五个人的。

其实，这位老师只要读一读《史记·卷六十八·商君列传第八》，问题不就清楚了吗？

可是，现在有多少老师读书呢？有一次，我问先锋书店的张经理，某名校有多少老师到你这儿来买过书，他说：大约有五六位吧。我有些惊讶，因为这所学校有三四百名老师，而先锋书店应该是社科类图书比较齐全的，而且还可以打折，买书的老师只有3%，真让人觉得不可思议！

思考

老师为什么不读书呢？其实道理很简单，应试教育之下，只要死扣课本，死练硬灌，照样能取得好分数，为什么要花钱买书读呢？正如一位青

年教师所说："我在网上看电影还忙不过来，哪有闲心去读书？"

我们常说，要给学生一杯水，老师得有一桶水。尤其是现代社会，是知识经济时代，各种知识信息浩如烟海、不断更新，老师不多读书，不与时俱进，怎能适应社会的需要，怎能培养社会的栋梁之才？

65 练好教学基本功

"三字一话"即粉笔字、钢笔字、毛笔字和普通话，这是一名合格教师的必备技能，是教学的基本功。教育学生写好字，教师首先应该自己写好字，这是为人师表的一项重要内容。教师写一手好字，既可以丰富为人师表的内容，也可以给学生一个富有审美形象的精神境界，它好比无声音乐的流淌，是心灵的倾吐，是生命情意的传递。当然，书写不只是对字体的较为熟悉及对书写工具的充分利用，而应是书写者性情、修养、精神境界的自然流露。如果这一情感是积极的，并长时期地处于稳定状态，学生就会对该位老师的授课倍感兴趣。普通话是教师的职业语言，用普通话进行教育教学是合格教师的必备条件之一，"能够努力使用普通话进行教学"是合格中小学教师的标准之一。

案例

为了提高青年教师的写字及普通话水平，为老师们搭建一个充分展现自我的舞台，6月10日下午，求真论坛第七期——青年教师"三字一话"基本功展示如期举行。

展示分为两个环节，首先进行的是"三字"展示。只见老师们屏息凝神，认真书写，不一会儿，一篇篇经典的古诗文就从老师们的笔尖流淌出来。不管是钢笔字还是粉笔字，都俊秀工整，令人赏心悦目。尤其是秦玲

老师和朱英萍老师,更是展示了自己在毛笔书法方面的风采,令人钦佩。

第二环节是"一话"即普通话展示,被抽到的老师在音乐的伴奏下,一一上台展示了自己的朗诵风采。绝大部分老师都做了精心的准备,不少老师朗诵的都是名家名篇。其中,意蕴深远的《蒙古长调》、真情流露的《致橡树》、慷慨激昂的《海燕》、细腻委婉的《风和船》、感人肺腑的《通往天堂的列车》、质朴深沉的《感恩》……都给在场的老师们留下了深刻的印象。

英语组的青年教师们则在陆校长的带领下,在会议室进行了英语书写和朗读。经过充分的准备,老师们互相展示了流畅的英语书写和流利的英语朗读。

这次活动是教师基本功展示的一次良好的机会。也希望老师们在今后的教学中缺什么,补什么,把扎实的基本功实践于教学工作中。

思考

针对目前的情况,教师的基本功要能够与时俱进,就要在"三字一话"的基础上增加"一整合"。所谓整合,就是指课程与现代信息技术的整合,这是信息时代对教师提出的新要求。在教育领域,开发利用现代教育技术已成为一种时代的变革,多媒体网络教学作为大语文教学的一种新的教学模式,日益成为国际教学的一种发展趋势,也成为当今我国课程改革的一个基本关注点,所以教师要自觉地投入到这场深刻的变革中去,要努力学好现代教育技术,在教学活动中充分发挥信息技术的优势,为学生的学习和发展提供丰富多彩的教学环境。

66 多做调查才有针对性

调查认识不足,导致的直接后果就是造成课堂浪费。其主要表现在对课

程的重难点把握不准，时间没有用在点上，还表现在课堂的教学形式、学习方法、教学语言等方面，比如，组织不必要的动手实践活动，课堂提问的指向不明，教学语言随意性大，等等，都造成了不必要的浪费，严重影响课堂教学的有效实施。长此以往，就留下一连串的后遗症，课后加班加点补课、补作业。占用学生课余时间不说，长期如此，还会影响学生的学习兴趣。

案例

新学期开学，面对32名学生，我想到了汉语拼音教学中存在的一个普遍现象，那就是，一年级新生在上学之前，或多或少都接触过汉语拼音，但掌握的程度又各不相同，如果采用一刀切的方法教学汉语拼音，会降低课堂教学的效率，也会降低学生学拼音的兴趣。更严重的是，教师还会被一些假象所蒙蔽，看到一些已经掌握汉语拼音的学生表现活跃，就以为学生掌握都不错，从而使部分没有学习汉语拼音的学生产生学习困难，拉大学生之间的差距。

针对这一现象，我在新生入学那天，让学生家长认真填写了一张"新生学前语文学习情况调查表"，对学生的声韵母发音、书写、拼读，甚至汉字的认读情况进行了细致调查，我通过汇总和分析，掌握了学生的第一手资料，对于每一个学生，还未见面就已经有了初步了解。

调查对提高课堂效率起到很好的作用，我在教学单韵母时，已经了解到学生全部会认读，所以，我将教学的重点放在练习读四声和书写上。特别是书写问题，除了要提示学生保持正确的写字姿势之外，我发现有学生在幼儿园里学拼音书写有不正确现象，一是将两笔写成的字母连笔写，如a、u的写法，二是把u、ü的竖笔加上了"小尾巴"。要纠正学生已经形成的错误概念，就需要花费一定的时间。由于我已经通过调查了解了存在的问题，教学时进行有的放矢地纠正，所以产生的效果是十分明显的。

由此我想到，在实施课题时，时常强调教师采用调查法进行问题研究，但很多情况是为调查而调查，对解决实际问题很少发挥作用，因而教师对调查研究法没有多大的兴趣，应付了事。这一次，我进行的调查从需要出发，帮助了教学，发挥了作用，是切实有效的。我想，今后要把这种

因需而用、简单易行的调查方法推广给同行们，帮助大家一起搞好"行动研究"。

思考

课下调查就好比医生诊断病情，有经验的医生，察言观色一看就知道病因在哪里，对症下药；但是没有经验或是新医生，他就会拍拍片、做做透视、CT等，最后可能尝试性用药，可能贻误病情……患者喜欢哪个医生看病那是不得而知的，由此推想，学生一定也喜欢那些经过调查后在课前准备充分的老师了。

67　整理好自己的办公桌

办公桌上堆满了作业、试卷、课本和长时间都没使用的一些东西，很容易使人感觉到混乱、紧张和焦虑，给人留下一个邋遢的印象。

我们不少教师没有养成整理办公桌的习惯，但他总能为自己找到借口，说自己是多么忙，无暇顾及这些小事，或是怕清理东西时把有用的材料一起清理掉了，或者说，明天还要接着用这些东西。所以，他便经常把那些有用以及过时的材料都堆在案头，让自己埋首其中去工作。

其实，这是一种忙而无序的表现，不仅会加重我们的工作负担，还会影响工作质量。

案例

有一位研究所的研究人员，经过无数个日日夜夜的攻关苦战，终于解决了研究中的一个难题。这位研究员把攻克这一难题的资料放在一起，就

带着满足的笑容入睡了。他睡得很香，等他第二天上午醒来时，却找不到攻克难关的材料了。原来这个研究员的孙子进入他的办公室，为了扎一个风筝，正巧拿走了那些有用的材料。当这个风筝带着小孙子的幻想，在天空中越飞越高，越飞越远，最后变成一个看不见的小黑点时，老研究员的心血却化作了泡影。这真是人生中的一大憾事。如果研究员的办公桌是井井有条的，把那些无用的东西不放在桌上，并告知小孙子办公桌上的东西都是有用的，不能乱动，这样的悲剧是不会发生的。

很多时候让你感到疲惫不堪的往往不是工作中的大量劳动，而是自己没有良好的工作习惯——不能保持办公桌的整洁、有序，从而降低了办公质量。也就是说，是这种工作的不良习惯加重了自己的工作任务，从而影响自己的工作热情。

整理办公桌的过程实际上也是整理你的思路的过程，不管自己有多么忙，也要把办公桌整理得像我们的内心一样，要保持办公桌的整洁、有序。

由此，我们可以遵守"一个月原则"，即任何东西在自己的办公桌上放了一个月而没有被使用，就该考虑把他处理掉。在每天下班前，要养成整理办公桌的习惯，把明天必用的、稍候再用的或不再用的文件、资料、试卷、记录都按照顺序放置好，并保持桌面整洁，这会让你从中受益无穷。

思考

美国西北铁路公司前董事长罗兰·威廉姆斯曾经这样说过："那些桌子上老是堆满乱七八糟东西的人会发现，如果把你的桌子清理一下，留下手边待处理的一些，会使你的工作进行得更顺利，而且不容易出错。这是提高工作效率和办公室生活质量的第一步。"

如果我们做得很好，并坚持如一，我们的学生也对我们仿效，这也是良好的身教！

美国著名心理学家理查·卡尔森有一个被命名"快乐总部"的办公室。那里的一切，包括办公桌都是那样整洁、有序，处处给人以明亮、宁静之感。去拜访他的人都喜欢上他的办公室，而且在离去时心情总是比来时好得多。

老师们，不管我们有多忙，也不管自己能找出什么借口，都一定要在平时养成整理办公桌的习惯。这种习惯养成之后，就会更能赢得别人的信赖，就会给自己带来更平和积极的工作态度，也会使我们繁重的教学工作有条不紊，充满乐趣。

68　呵护好自己的健康

在中国人心目中，教师是一个神圣的职业，师者，传道、授业、解惑，责任非常之大，乃至古代的中国人经常把老师叫成"师父"，这就给教师增加了新的内涵，也增加了更多的责任和压力。

即便在21世纪的今天，中国人心目中，好老师的形象也依然还是鞠躬尽瘁型的，老师从开始执教的那一刻起，就注定只能当燃烧自我、照亮别人的蜡烛。我们在歌颂老师的歌曲中唱道："静静的深夜，群星在闪耀，老师的窗前，彻夜明亮"，这分明告诉我们，彻夜备课或批改作业的老师才是好老师。在这些观念的影响下，想做一个好老师，就注定了只能奉献而不能索取，就注定不敢对于自己的身体健康作过多的关注，否则，就不是好老师，就是有违"师德"。时代在发展，社会在进步，老师还要死守过去的陈腐观念，以种种苛刻的要求来约束自己吗？

案例

据《2009中国城市健康状况大调查》显示，目前我国大城市的白领亚健康比例达76%，处于过劳状态的接近60%，真正意义上的"健康人"比例不到3%。实际上，在教育系统，"亚健康"同样在迅速蔓延。中小学教师普遍存在着教学负担过重、情绪失调等现象。在论坛上经常会看到有人这样形容教师："睡得比猫少，起得比鸡早，干得比牛多，跑得比马快"。现代教

师的意义已经远远超出"传道、授业、解惑"的范畴，面临着沉重的"升学率"考试现实和"素质教育"理论梦想的双重压力，以及人们对教师群体的高期望，教师们工作量满负荷，生活节奏紧张，每天工作超过10小时也属正常，节假日经常加班，这是常事。因此，提起健身运动，老师们都会典型地回答："知道，可工作太累，有时间还不如多睡会儿。"

日前，我市一所学校借开展研究性学习之机，进行了"温州市中小学教师参与体育活动情况"的调查，结果发现我市教师的身体健康状况令人担忧。从教师每周参加体育活动的次数和时间来看，有10%的教师从不参加体育锻炼，有70%的教师参与体育锻炼没有确定时间，随意性强。关于教师参与健身活动时间少的原因，调查显示绝大部分教师认为超荷负的工作使教师没有时间参加体育活动；部分教师认为场地器材不足，大部分学校没有充足的教工活动场地和设备；还有小部分教师则出于自身技术差、无人指导和无所谓心理；等等。

在近期由国家卫生部召开的《首次中国居民健康素养调查报告》新闻发布会上，中国健康教育中心公布的调查结果显示，我国居民健康素养现状不容乐观，只有不足10%的人具备良好的健康素养。中国健康教育中心提醒大家，成年人每天应该进行累计相当于步行6000步以上的身体活动。与其把健康交给医生，不如把健康交给自己，真正的健康来自平时自觉的健身锻炼。

试想，如果我们老师平时疏于锻炼，导致身心出现问题，那肯定会影响到学生的健康成长；如果学生的成长以教师加班加点的健康透支为代价，这肯定也不是我们乐意看到的。对于中国健康教育中心建议的每日"相当于步行6000步"活动，我们教师在工作生活中不应吝啬，要努力做到专业发展和身体健康的双重"充电"，并将其融入"言教"和"身教"的教育主旋律中。

思 考

老师自己首先应该转变观念。伟人说过，不会休息就不会工作。在21世纪，我们不需要那种不顾休息、彻夜批改作业的老师。在新时代，作为

一个好老师,他就应该是工作出色,同时又会享受生活的。我们也不需要那种坚持带病讲课的老师,有了病,应该立刻去诊治,这才是对自己负责、对同学负责、对工作负责的态度。带病工作,只会降低工作质量。

除了老师自己,我们的管理者、我们的社会,都应该改变观念,不要以为老师是铁打的,不要一味要求老师奉献,老师也是人,他们也应该享受健康保障,应该定期给他们进行体检,给他们心理减压。最重要的,我们应该改变应试教育的那一套陈腐的教育思想。

总之,在新时代,我们需要的是身心都健康的老师,我们应该给老师们创造一个良好的环境,给老师以健康,这也是对我们的孩子负责。只有健康的老师,才可能带给我们更高质量的教学;只有健康的老师,才能给孩子们以榜样,更好地将孩子们培育成未来的栋梁之才。

69　给生活增添快乐

对教师这一职业而言,享受快乐,有着特殊的有利条件。因为我们身边有天真活泼的孩子们,看着那一张张可爱的笑脸,听着那一声声甜甜的"老师您好",等到您成功的孩子回来看望你的时候,难道你不感到快乐吗?所以只要我们打开所有感官,每天给自己一小段闲暇,那平素里再平凡的点点滴滴,只要你静下心来细细地品味,都有无限风光蕴含其中。

妨碍教师享受快乐的,是教师自己。如果不能阻止自己卷入名与利的纷争之中,如果不能时时去寻求生活的真谛,如果不能发现自己的自身价值和对教师这一神圣职业的理解,那么我们只能被生活抛弃。一旦我们被生活抛弃,那么,我们所有的汗水与理想、抱负都将会付之东流,也将失去那些天真活泼的孩子们对我们的信任……

快乐其实是一种心态,源于自己。不是生活中缺少快乐,而是我们缺少感受快乐的心境。平凡的日子里,到处可以找到快乐。只是不轻易发

现，只是不屑于顾及，那种淡淡的幸福和快乐就悄悄溜走了。老师们，生活和工作就像一首诗，每一种固定的职业除了给我们带来稳定的收入以外，还应该为我们带来生命成长过程的快乐和人生价值的实现，因为在这个世界上，再也没有什么比这两者更让我们崇敬和值得追求的了。为了让我们自己和孩子们都能拥有成功的人生，请做一个快乐的教师吧！

案例

以下是一位青年教师的切身感受。

有人说"教师是太阳底下最光辉的事业"。然而，当你真正走上教育岗位之后，你会发现做教师并没有当初想象中的那么美好。

做教师确实有做教师的难处，确实有教师难于承受的心理压力。据调查，80%以上教师感觉工作压力太大，很累，生活很单调、很郁闷，许多教师存在着心理健康问题。有些教师不堪心理的重负，其中有的身体垮了，有的转行了。教师的整体心理健康问题令人担忧，试问，一个心理不健康的教师又怎能教出一个心理健康的学生呢？一个连自己都不觉得快乐的教师又怎能带给学生快乐呢？这值得我们所有教育工作者去深思，去寻找解决的有效办法。

其实每一种职业都有自己的难处，都有自己的压力，也都有自己的快乐所在，关键是看你的心态。作为教师，我们没有理由整天紧锁眉头在自怨自艾中消磨生命，没有理由不去享受做教师独有的种种快乐，没有理由不把快乐带给学生。抱怨、郁闷、烦恼并不能帮我们减少工作，也并不能减轻我们的压力，反而会使自己更痛苦。与其让自己整天痛苦，倒不如让自己快快乐乐地度过每一天，在快乐中寻找自己工作的价值。如果你想做教师，就要做个快乐的教师，就要调整好自己的心态，积极主动地去追求那份属于自己的快乐。

让自己快乐的理由和方法有很多。上一堂令自己满意的课是一种快乐，帮学生解决问题是一种快乐，收到学生寄来的贺卡是一种快乐，看到学生的进步是一种快乐，和学生玩个游戏是一种快乐，与家长聊天是一种快乐，参加一项活动是一种快乐，完成领导布置的任务是一种快乐，看到

教师的地位在提升是一种快乐，把钱放到慈善箱里是一种快乐，把生活的感悟与朋友分享也是一种快乐……只要我们调整好心态，快乐可以无处不在，无时不在。

思考

只有当你真正快乐了，你才无愧于你做教师的职业；也只有当你真正快乐了，你才能教出快乐的学生来。对学生来说，拥有快乐比拥有知识更重要。

"心底无私天地宽"，做个快乐的教师吧！微笑着面对生活的所有赐予，遭遇挫折，就把它当成人生的磨砺；遇到误解与偏见，就多一分宽容与体谅；获得成功，那就朗笑几声吧！一切顺其自然！

我们自己不仅要做个快乐的教师，我们还要为学生创造快乐，为学生传递快乐，与学生共同分享快乐，让学生在快乐的氛围中健康成长。我们要做个快乐的教师，我们的教育事业也正需要快乐的教师。做个快乐的教师，于己有利，于学生也有利，于教育事业的发展更有利。

70　科学管理自己的时间

没有合理安排时间的人就好比无头苍蝇，没有方向，也没有任何成果。这些人一直都在被动地承受，因为他们不能够很好地管理时间。我们有些老师也一样，他们看似工作很忙，很努力，因为他们想要同时做很多事情，却不知道如何安排他们的工作。结果，尽管他们工作很努力，效率却不高。相反那些合理安排时间的老师却可以很好地掌控自己的工作和生活。他们知道每天需要做的是什么，更重要的是，他们同样很清楚明天和下个星期需要做什么。想向上帝"偷"时间既然不可能，那么学会自己管

理时间，把分秒都花在"刀刃"上，提高效率，才是根本的途径。

所以，老师需要学会管理自己有限的时间。时间管理与理财的原理相同，既要"节流"还要懂得"开源"。要"赚"时间的第一步，就是全面评估时间的使用状况，找出所谓浪费的零碎时间，第二步就是予以有计划地整合运用。首先列出一张"时间收支表"，以小时为单位，把每天的行事记录下来，并且找出效率不高的原因，彻底改善。再来，把每日时间切割成单位的收支表做有计划的安排，切实去达成每日绩效目标。"时间是自己找的"，当你把"省时"养成一种习惯，自然而然就会使每天的24小时达到"收支平衡"的最高境界，而且还可以游刃有余地享受闲暇时间，去从事较高精神层次的活动。

案例

李卓老师经常在外面讲课，逐渐有了很多一边讲课一边学习一边调配好生活的心得，特别是讲师，每天都在做体力劳动与脑力劳动相结合的工作，有时候会比较累而且压力比较大，为了给听众更好的课程，为了让自己的生活更有质量，自己也总结了一些时间管理的心得给大家分享。

一、设立明确的目标

成功等于目标，时间管理的目的是让你在最短时间内实现更多你想要实现的目标；你必须把今年度4到10个目标写出来，找出一个核心目标，并依次排列其重要性，然后依照你的目标设定一些详细的计划，你的关键就是依照计划进行。

二、列一张总清单，并进行目标切割

1. 年度目标切割成季度目标，列出清单，每一季度要做哪一些事情；

2. 季度目标切割成月目标，并在每月初重新再列一遍，碰到有突发事件而更改目标的情形便及时调整过来；

3. 每一个星期天，把下周要完成的每件事列出来；

4. 每天晚上把第二天要做的事情列出来。

三、20：80定律

用你80%的时间来做20%最重要的事情，因此你一定要了解，对你来

说，哪些事情是最重要的，是最有生产力的。

谈到时间管理，有所谓紧急的事情、重要的事情，然而到底应做哪些事情？

当然第一个要做的一定是紧急又重要的事情，通常这些都是一些突发困扰，一些灾难，一些迫不及待要解决的问题。当你天天处理这些事情时，表示你时间管理并不理想。成功者花最多时间在做最重要，可是不紧急的事情，这些都是所谓的高生产力的事情。然而一般人都是做紧急但不重要的事。你必须学会如何把重要的事情变得很紧急，这时你就会立刻开始做高生产力的事情了。

四、每天至少要有半小时到一小时的不被干扰时间

假如你能有一个小时完全不受任何人干扰，自己关在自己的房间里面，思考一些事情，或是做一些你认为最重要的事情。这一个小时可以抵过你一天的工作效率，甚至有时候这一小时比你三天工作的效率还要好。

五、价值观相吻合，不可以互相矛盾

你一定要确立你个人的价值观，假如价值观不明确，你就很难知道什么对你最重要，当你价值观不明确，时间分配一定不好。时间管理的重点不在管理时间，而在于如何分配时间。你永远没有时间做每件事，但你永远有时间做对你来说最重要的事。

六、每一分钟每一秒做最有效率的事情

你必须思考一下要做好一份工作，到底哪几件事情是对你最有效率的，列下来，分配时间把它做好。

七、充分地授权

列出你目前生活中所有觉得可以授权的事情，把它们写下来，然后开始找人授权，找适当的人来授权，这样效率会比较高。

八、同一类的事情最好一次把它做完

假如你在做纸上作业，那段时间都做纸上作业；假如你是在思考，用一段时间只作思考；打电话的话，最好把电话累积到某一时间一次把它打完。当你重复做一件事情时，你会熟能生巧，效率一定会提高。

九、做好时间日志

你花了多少时间在哪些事情,把它详细地记录下来,每天从刷牙开始,洗澡、早上穿衣花了多少时间,早上搭车的时间,早上出去拜访客户的时间,把每天花的时间一一记录下来,做了哪些事,你会发现浪费了哪些时间。当你找到浪费时间的根源,你才有办法改变。

十、时间大于金钱,用你的金钱去换取别人的成功经验,一定要跟顶尖人士学习

千万要仔细选择你所接触的对象,因为这会节省你很多时间,假设与一个成功者在一起,他花了四十年时间成功,你跟十个这样的人一起,你就浓缩了四百年的经验。

思考

管理时间比珍惜时间高出一个境界,因为前者不仅包含了珍惜时间的意识,它还关注有效利用时间的方法。教师的工作十分繁琐,如果不能有效地管理自己的时间,教师就很难在繁琐的工作中从容应对各种困难。但学会管理自己的时间并不是一朝一夕的事,它需要我们付出耐心,持之以恒,并在对自我的严格要求下慢慢把它提炼成一种良好的生活习惯。良好生活习惯的养成必然会促进工作的进一步发展。所以,教师不仅要在工作中注意管理自己的时间,更要在生活中养成这种习惯。

71 常怀感恩之心

人生道路,曲折坎坷,不知有多少艰难险阻,甚至遭遇挫折和失败。在危困时刻,有人向你伸出温暖的双手,解除生活的困顿;有人为你指点迷津,让你明确前进的方向;有人用肩膀、身躯把你擎起来,让你攀上人

生的高峰……你最终战胜了苦难，扬帆远航。那么，你能不心存感激吗？你能不思回报吗？感恩的关键在于回报意识。回报，就是对哺育、培养、教导、指引、帮助、支持乃至救护自己的人心存感激，并通过自己十倍、百倍的付出，用实际行动予以报答。

现在有些中学和小学开展了感恩教育，这是关系民族精神的好事、大事。可如果教师本身都不知道感恩，那他又怎么能教育出懂得感恩的学生呢？

学会感恩，要使自己更快地成长起来，而不是永远地依靠这个社会的施舍；学会感恩，有时候要你"傻"一点，不要事事都想着自己能得到什么；学会感恩，要不卑不亢，要挺直腰杆做自己应该做的事；学会感恩，要耐得住寂寞，能坐得住冷板凳，受得起别人理解和不理解的埋怨；学会感恩，要会给自己找乐，及时地肯定自己，给自己加油！

案 例

那个夏天，犹如空气的热度，我带着满腔的热情和美好的愿望踏上三尺讲台，但事实并没有理想的那样，新时代的"上山，下乡，进城"在我的身上开始演绎。"上山"是在建山的一个完小工作了三年，"下乡"是在生我养我的延陵工作了十一年，"进城"就是现在的我在百年名校继续我教育的梦想。一路走来，我非常地满足，非常地快乐，因为一路走来，我并不是孤身一人，有默默支持我的家人，有给我搭建舞台和给我信任的学校，有在我成长过程中无私帮助我的学校的同事和朋友。一直认为，自己是个心存感激的人，因为这样，所以自己感觉也是一个快乐生活的人。

一次一次地回顾，不敢说自己是一个能感恩的人，只因自己无以回报，但我学校给我很多，丈夫在附小，女儿在附小毕业，自己从农村来到附小，在附小参加了市级学科竞赛，在附小参加了小学数学高级研修班。因为附小，自己人生的目标变得更远大，生活的质量逐步提高，因为附小，我越来越能体会教师工作的神圣，教学工作的魅力；因为附小，我也变得越来越年轻，越来越贴近时代。正因为这些，现在自己面对职业，面对学校，面对朋友，面对家人，不敢骄傲，只会对自己说要做得更好。

感恩应该是心的呼唤，学校是博大的，他们都不会要求我们去做什么，而我们应该问自己应该去做什么。感恩应该也是，问自己有没有这个心，是不是心存感恩。有这个心，就会去努力，就会不计得失地去努力，就会快乐地去努力，就会无怨无愧地去做，有这个心，就永远不会放松自己，告诉自己要对得起身边的人，生活永远会有目标，工作总是充满激情。所以，我知道自己是个心存感激的人，所以我努力工作，快乐生活！

思 考

对于生活心存感恩，你就不会有太多的抱怨，世上没有十全十美的事物。比抱怨更重要的是自己为改变这一切做了哪些努力。感恩之心可以稀释我们心中的狭隘和蛮横，可以帮助我们渡过最大的痛苦和灾难。常怀感恩的心，我们就可以逐渐原谅那些曾和你有过结怨甚至触及你心灵痛处的那些人，会使人们已有的人生资源变得更加深厚，使我们的心胸更加宽阔宏远。

是否懂得感恩，是衡量一个人智慧和境界的重要标准。因此，感恩，是一条人生基本的准则，是一种人生质量的体现，是一切生命美好的基础。感恩是生活中的大智慧，能使我们感受大自然的美妙、生活的美好，能保持我们积极、健康、阳光的良好心态。怀有感恩心情，对别人、对环境就会少一份挑剔，多一份欣赏和感激。

72 协调好家庭与工作的关系

家庭是幸福的港湾，美好的家庭生活是教师调养身心的重要条件，家庭问题常常是引起教师心理压力的一大根源。适当地安排自己的业余生活，与家人同乐，共同承担家庭责任，使家庭和睦，对教师的专业化发展

和教师的家庭幸福有着十分重要的意义。

因此，教师要正确地处理好家庭与事业的关系，充实自己的精神后花园。事业并不能代替人所追求的一切，人不仅需要物质的丰富，更应该有精神的丰富。

案 例

以下是一位名师的教育随笔。

每一次闲聊时，总听到女教师尤其是已婚的女同事在感慨：累，真累。随着教育事业的蓬勃发展，中学女教师队伍日益壮大，在教师队伍中占有越来越重要的地位。她们也是我国基础教育事业的中坚力量，在现代化建设和社会进步中发挥着重大作用。而社会发展和激烈竞争带给女教师更大的心理压力。然而，她们的家庭负担和家庭责任似乎没有什么减轻，还要担负起操持家务、照顾丈夫、教育孩子的重任。工作和家庭之间的平衡，对于女性教师尤为重要。

我们大部分中学女教师在展现自身的价值的同时也面临着诸多问题。如女教师处于成才的黄金时期，也正是生育期、哺乳期。在这段时间里，业务学习处于完全停顿或半停顿状态，原来学到的知识，工作当中掌握的技能与技巧，在一定的程度上"生锈"，想继续深造进修会因生育小孩、应付琐碎繁杂的家务而被推迟或取消，但工作的职责和任务并不因此而减少，她们所承受的压力比男性大得多。

对此，我认为，中学女教师应有理性的认识，正视冲突并作出合理的选择。面对工作与家庭的冲突，女教师要做的是如何从各个方面去平衡它，而不是让冲突把自己拖累和压垮。同样，家庭内的冲突也可能通过"情绪溢出"影响到工作角色的表现。为了平衡工作和家庭，女教师应该提高对压力的心理承受力，学会转移压力、排解压力，例如可以学习美食美容，提升自己生活质量也是平衡工作和家庭的重要方法，因为人的情绪很多时候影响矛盾的大小，好的心态、健康积极的情绪可以左右人们解决问题的方式。

思考

教师只有建立幸福和睦的家庭氛围，免除后顾之忧，才能以更充沛的精力投入工作之中，事业与家庭要并重，不能只顾工作不顾家庭，同样也不能只顾家庭而放松工作要求，有时候可能要牺牲一些家庭，但这种牺牲只能是一些小事，大的方面是一定要兼顾的。

当家庭遇到困难时，哪个人会全然不顾家而一味地只拼命于自己的工作呢？或许有那样的人，但结果往往是这样：他的家庭问题没有解决好，自认为胜于家庭的工作反而因此变得更糟。而理智地、合理地调节好工作和家庭的人，他不但工作出色，受人敬佩，家庭更是有滋有味、幸福美满。工作和家庭是一对矛盾体：工作搞好了，会给家庭带来收益和欢乐，而工作不顺心就会使家庭烦事密布，同时家庭生活的优劣也会反作用于工作。因此，要处理好这些，主观上自己必须对工作、对生活要有一个积极的、热情的心态去努力经营，微笑地面对生活，生活也会给你微笑。如果把家当作事业来经营，把事业当作家来爱，一切矛盾都会迎刃而解。

73　培养自己的兴趣

作为教师，要激发和培养学生的兴趣爱好，发展学生的个性特长，自己必须得有广泛的兴趣爱好，这样才会收到较好的教育效果。

教师只有具有广泛的兴趣爱好、渊博的知识，才能深入浅出地回答孩子们提出的各种问题，在满足他们的求知欲的同时点燃智慧的火花。如果教师对孩子的问题一问三不知，不仅起不到"传道、授业、解惑"的作用，而且有损教师在孩子心目中的形象。一个教师对学生的吸引力主要是在课堂教学中。如果教师有了广泛的兴趣、爱好，懂得更高、更新的东西，并参与到学生活动中去，那么这种吸引力会大大提高。学生会更敬佩

老师，更乐意接受老师的教育。教师才可能与学生建立起各种联系，学生才有可能信服于我们，与我们讲心里话，我们才能了解学生的心理活动，才能更有效地做好教育教学工作。这样的老师，才可能获得学生的喜爱、尊重，学生进而与老师建立良好的师生关系并充满信心地求知学习。

案例

很多年了，还时不时地想起在三明的日子，那里曾有我难忘的快乐的时光，是我的教学生命延伸、成长的摇篮。那段的日子里，每到星期天，我就早早地骑上自行车，到那远离住地6公里以外的集市，干什么去？淘书，淘旧书摊上的小人书，那是我小时候的一份情怀、一份念想，是它，曾经陪伴着我度过了快乐的童年。

20世纪80年代后期，因为市场经济的影响，书店的小人书消失了，但它的收藏价值与我们过来人对它的留恋，使我们对于那些被当成废纸回收后又流向旧书市场的旧小人书情有独钟，视若宝贝，因为其内容包罗万象，又主要是以画面体现，文字不多，但却能表达尽至，我们连友们为之起了个雅号——"百科画卷"。

可毕竟是旧的，少数还存在卫生问题又不舍弃之的，怎样使之变得整洁、提升品相，以尽可能地恢复其原来的崭新的面貌，这是我不辞辛劳的收获后摆在眼前的最重要的问题。

通过与连友的交流、摸索，我有了一套翻新的办法：撕下封面、封底放进肥皂水泡洗、晾晒、装裱、磨边、去钉、上线、包装等。但这要多少的工作量啊，由此我的业余时间被占用了不少……但正是这样，充实了我的业余生活，带走了工作后的疲劳，并磨却了我的粗心，锻炼了我的细心和耐心。

粗心的性格转变的同时，也对事物有了完美的追求，体现在教学中，也喜欢追求完美。如在实验课上，看到乱七八糟的近似杯盘狼藉的桌面，实觉不舒服，我就设计了"实验盘仪器摆放图"、"桌面摆设规范图"供学生做完实验后整理桌面参考，这样我的每一节课都可以像军营一样整整齐齐，课堂的效率、效果自是比别人略高一等。

看到学生拿起这个滴管放进那个滴瓶，我就联想到当前课改对学生能力的要求，通过琢磨，认为能力铸就要靠习惯引路，于是写下了《新课改背景下实验课上规范的意义》，并有幸在《中学生物教学》上发表了。

"百科画卷"还使我的课堂多了些许生气，或者应用其中的某些内容有了精彩的导言，或在疲惫的课上穿插一点"画卷"上有关的故事，消除学生疲倦的神情，"画卷"还使我的课通俗易懂多了。

我的业余生活充实了，"垒长城"之类不算健康的场合是不可能有我的影子。我更爱看书了，看作为消遣的小人书，继而也爱看各类书籍以至教学参考等书籍，有所领悟了后喜欢钻研业务了，慢慢地也对作文产生兴趣。

我们称之为"百科画卷"的小人书使我有了细心、增添了耐心，而这恰是我们当教师的不可缺少的素质。小人书使我喜爱与书本打交道，在教学上得益匪浅，它使我的业余时间都能在健康的、快乐的环境中度过，助我专业成长，有所成就后对职业更充满热爱。

思考

兴趣爱好可以丰富我们的人生，使我们的生活变得多姿多彩。有哪些兴趣爱好适合老师们呢？读书、上网、听音乐、唱歌、跳舞、集邮、体育活动甚至是周末、假期的旅游，都能成为教师自我调节、自我提高、自我享受的生活必需品。当然，兴趣爱好因人而异。有的教师简笔画非常漂亮，有的教师电脑操作非常娴熟，有的教师爱好写作，有的教师爱好书法……教师的兴趣爱好可以是教学理论的拓展，也可以是本学科延伸，如语文教师可多一些阅读写作，数学教师可数学建模，英语教师可设置一些情景剧；文科教师可组织主题辩论，理科教师可改编一些实验；发展旅游爱好，做一些收藏，制一些微型盆景，画几幅画，演奏几首曲子，等等。

教师有所爱好、有所特长，有益身心健康，又能影响他人，至少为我们与同行提供了交流的平台。若要非得说教学理论是阳春白雪，我们也还是要一些下里巴人，可不能只谈下里巴人，毕竟我们在从事着教书这一光荣高尚的职业，若不承认，那真是很难做一位优秀的教师了。

74　调节自己的心理状态

教师是学校教育的主要推动者，在整个教学活动中扮演着十分重要的角色。一个称职的教师，除了要具备丰富的专业知识、精熟的教学技巧外，更重要的是需要具有健全的人格与健康的心理状态。很难想象，一位患有抑郁症的教师能够培养出开朗活泼的学生。因为他自己都不知道如何调整自己的心态、保持良好的心境，又怎么能帮助学生去快乐求知、快乐成长呢？所以只有心理健康的教师才能运用正当的教学行为去影响学生，培养出身心健康的学生。因此，正视教师心理健康成为了一项关系着国家教育与发展的重要课题。

案例

"在一棵枝繁叶茂的大树上，绝对找不出两片完全相同的树叶。"科学家用这个事实来证明世界上万事万物存在个性差异。众多的教职工也应是形形色色，个性不同，其心理因素也大不相同。据我观察，目前教师中的心理问题大致有以下几种类型：

1. 焦虑型。表现为整天愁眉苦脸、少言寡语，难见其笑容。说到底，就是把任何事情都看得非常难，以致长期忧愁不堪。

2. 抑郁型。这种心理类型往往是在焦虑的基础上形成的。根据有关资料研究，多数抑郁症患者表现为终日唉声叹气、以泪洗面和寻死觅活。还有许多抑郁症的表现形式不易被察觉。

3. 猜疑型。表现为对很多事情都喜欢去猜测，往往猜的结果是导致自己心里不愉快、不舒服。比如：我在前面走，后面有两个同事在谈论什么事，会去想是不是在评论我什么呀；这次"评先"没评我，是不是领导

对我有看法呀；今晚老公有事没回家，是不是出去什么什么去啦；甚至连别人多看了他几眼，也会产生一些不正常的想法。

4. 单向攀比型。主要表现为总喜欢和别人比较，如果比别人差，就产生心理不平衡了，更为甚者产生了一些盲目追求的动作行为。在待遇、收入方面，只比上不比下，只比好的不比差的。

5. 依赖型。主要表现为工作不努力、不主动，事事等待领导布置，接到任务又期待着依赖别人来完成。在家庭中依赖家人的表现也很突出。这种类型很容易向消极型心理发展。

6. 不面对现实型。对待事情不思考自己的现实实际，不考虑自己的技能能力和工作实际表现，不能正确对待个人与集体的利益关系，更不去思考学校集体发展问题，一味追求个人利益，完全没有"学校发展个人才发展"的意识。比如，对待工作安排不考虑学校大局；"评优"、"评先"不思考自己是否够条件，有的认为该排班站队轮流评选，有的甚至认为该照顾老同志。

7. 闭塞保守型。不善于与别人交流合作，不愿意向别人透露关系到自身的不足或问题，心里有话不找人吐露，更有甚者是只想向别人讨经验，而别人问到她时竟敷衍塞责应付了事。

8. 争强好胜过分追求型。不甘示弱、什么都想争第一。如，教学业绩因某个学生考差了未得到第一，就一味地怪罪学生而不查找主观原因；一项活动没得到奖励就骂学生无用。不能正面失败，缺乏一次失败汲取教训下次重来的意识。因为主观不努力，每次都想得到完美而每次都达不到目的，结果又把自己弄得愤愤不平，甚至受到挫折。

9. 恐慌型。例如：刚跨出校门的一位年轻教师，人长得小巧玲珑，由于管不住课堂纪律，几次找校长寻求帮助，却被告知，课堂纪律是任课老师的事，别人无能为力。最近她老觉得心慌慌的，有时不是上课经过教室门口也觉得害怕；看了关于心理健康书籍后，怀疑自己有心理疾病。这种类型的教师，遇事不沉着冷静，无为地恐惧惊慌，有时一个小事情也弄得人心惶惶，不可终日。

10. 妄加评论型。总是喜欢对别人说三道四，而往往又评论不到点子上，乱评一通，说过以后又要担心被当事人知道了自己不好解脱。

思 考

作为教师个体，必须适应教师职业紧张而繁忙的特点，学会调整自己的心态，做到敬业、宽容、淡泊、放松。

1. 敬业。俗话说，既来之则安之。既然走上教师之路，就应该在工作中努力释放自己的光和热，敬业爱岗，热爱学生，自然会有成就感，会精神充实，心理一定会健康。

2. 宽容。教师在工作中正确地看待竞争，宽容地对待自己的对手，就会心地开阔。如果对任何事都斤斤计较，一味地算计他人、嫉妒他人，心理就会扭曲变态。宽容地对待学生的错误与不足，就会心平气和而少躁郁、少怨怒，就有利于教师心理健康。

3. 淡泊。教师职业的特点决定着教师就要有淡泊名利、超然世俗的情怀。教师职业的社会功效是潜在的，并不像某些职业的功效立竿见影，光辉耀眼。教师职业与所谓的"风光"职业相差较远，收入相对偏低，荣誉也相对较少。教师如果心平气和地看待自己的职业、自己的工作，心态就会坦然；否则，心态就会失衡，就不利于心理健康。

4. 放松。教师职业的紧张与压力程度是人所共知的。一天工作下来，大多数教师往往是身心疲惫，放眼中小学教师的面庞，多是面容憔悴。为此，教师不仅要注重自己的身体健康，更重要的是要注重自己的心理健康。除了要锻炼好自己的身体外，还要学会放松自己的心态。越是繁忙，越要安排一定的时间放松心态。

75　正确地认识自己

苏霍姆林斯基说过："最大的胜利就是自己征服自己的胜利。要想征服自己，首先就得正确认识自己。"教师只有看清了自己、认识了自己才

能准确地把握自我定位，才能正确认识自己的职业价值，理解自己所从事工作的意义，想办法悦纳自己的职业，这是教师在繁重的工作中保持心理健康的一剂良药。

教师要能清醒地认识自己、正确地评价自己，是件十分不容易的事：缺少自信，难以成为好教师；而自我感觉太好，就会视而不见、听而不闻，再好的意见、经验，都会从眼皮底下溜走，以致自己裹足不前。因此教师要善于用两把尺子：一把尺子量别人的优点，一把尺子量自己的不足。以己之短比人之长，越比心态越好，越能奋进，如果以己之长比人之短，不仅不会长进，而且会失去人生的追求。对自己的认识越清醒，自我教育的动力就越大，越能塑造完美的人格，业绩越能长盛不衰。

案例

下面是东莞市石龙中学王俊君老师对年轻教师优势的认识。

时下，新课程改革正进行得红红火火，只要是教育界的人，没有人对"新课程改革"这五个字是陌生的了。我有幸成为新课程改革的"冲锋者"，经过一年的教学实践，我对新课程有了更深一层的认识。

新课程改变了教师和学生在教学中的地位。在传统的教学中，教师在课堂上占了主体的地位，而学生只是被动地接受知识。新课程改变了教师的主导地位，学生成为了学习的主体，教师是学习的引导者。这是一个"翻天覆地"的变化，当然，这种变化不可能在"一夜"之间完成。它需要学生不断地去探索、去实践，在实践中逐渐转换自身的角色。因此，对每一个教育工作者来说，这无疑是一个大挑战，但同时也是一个机遇。俗话说："乱世出英雄。"谁能抓住新课改这个机遇，谁就能成为教育改革的"英雄"。要抓住机遇，必须先看清形势，向前迈进。那么，面对新课改，我们年轻教师的优势何在？我认为有以下几点优势：

一、思想观念容易更新

在现实生活中，我们"赶潮流"的绝大多数都是年轻人。实践证明：年轻人更容易接受新鲜的事物。新课改要求教师和学生转换角色和地位。这就要求教师必须先转变观念：教师将由主导者变为引导者，而学生将由

被动者变为主动者。教师只有转变观念，才能付诸行动。要实现这种角色的转换，我认为必须经过一个循序渐进的过程：教师是主导者，学生是被动者—教师和学生处于平等的地位—学生是主动者，教师是引导者。由此可见，这个转换过程的第一个目标是让教师和学生处于平等的地位。在这方面，年轻教师有的是年龄的优势。

二、年龄相近，缩短了教师和学生之间的距离

年轻教师的劣势是教学经验不足，知识不够渊博，这些主要与教学时间短有关。但正因为教学时间短，年龄和学生相近，教师往往把学生当成朋友看待；而在学生眼里，年轻教师没有高高在上的感觉，这使学生更喜欢亲近我们，更喜欢与我们探讨问题。这就有利于师生平等关系的形成，同时有利于激发学生学习的主动性，培养学生主动探究的精神，为学生转化为学习的主动者奠下基础。

三、知识结构较新，教学方法较灵活，易于适应教学上的改革

对于老教师来说，几十年的教学经历让他们积累了丰富的经验，但同时也形成了相对固定的教学思维和教学方法。新课改要求改变原有的"灌输式"的教学方法，多采用启发式教学，探究性等新的教学方法，这一改变对老教师来说较难适应。而年轻教师由于教学时间短，教学思维和教学方法还未定型，可塑性强，易于适应教学上的改革。年轻教师的知识结构新，教学方法较灵活，这也是一大优势。近些年来，教材不断地更新，现在的教材与以往已经有了很大的不同，知识的结构发生了很大的变化，出现了一些新的知识点。就地理来说，出现了一个新的单元——"地理信息系统的应用"。该单元的知识只有1999年以后入学的大学生才能接触这门课程，是一个全新的知识点。而且地理信息系统是一门新的技术，年轻教师能更好地掌握这一知识点。随着教学的不断改革，教学方法也必须不断地创新。年轻教师有更强的创造性，能更灵活地运用不同的教学方法。年轻教师还有一个突出的优势：运用多媒体技术的能力比较强。绝大多数的年轻教师都能够独立完成多媒体课件的制作。多媒体的应用让课堂气氛较活跃，激发了学生的学习兴趣，达到了较好的教学效果。

以上是我通过一年的教学实践所得出的一点点体会，年轻教师确实存

在不少优势，但必须强调的是：老教师丰富的教学经验、渊博的知识非常值得我们学习，我们要虚心向老教师请教。年轻的我们要好好利用自身的优势去抓住新课程改革这个良机，为教育贡献一份光和热！

思考

一个人如果认识不了自己，就好比在黑暗中摸索，即使付出了辛劳，也收不到良好的效果，这就好比盲人摸象，摸到的总是片面的一部分。人，贵在有自知之明。"尺有所短，寸有所长"，每个人都有自己的优点，但每个人又都有一定的不足，只有正确认识自己，才能充分发扬自己的优点，在适合自己的领域里尽情发挥自己的聪明才干，成就辉煌的事业。另一方面，一个不能真正认清自己的人，也不会真正认清他人，有的时候你的好意可能会遭到恶报，因为你以自己的方式强加于人。

认识自己，就是要看清自己所处的环境，明白自己周身的事物，看到自己的优势，发现自己的不足，向最好处努力，做最坏的打算；认识自己，就是要从不足之处努力，就是要能够承受失败的打击，能够遭遇挫折的袭击，在失败中不断总结教训，在失败中不断成长。

76 学会原谅自己

俗话说："金无足赤，人无完人。"一个人，如果一味苛求完美，必然会钻进痛苦和烦恼不断的死胡同，失去创新的勇气和做事的自信。只有学会原谅自己，才能走出心灵阴霾的世界，才会拥有阳光的心态，坦然地去面对一切。

原谅自己，并不是放纵自己的思想和言行，也并不意味着放弃了自我约束。同类的错误只能给自己一次的原谅机会。经常无原则地原谅自己，

即是走向堕落的开始。尤其对于不理智的人来说，原谅自己，那是给自己的错误披上华丽的伪装，一而再、再而三地原谅自己，那错误也必然形成恶性的循环，而且这种心理会像恶性肿瘤的病毒，在体内不断地延展扩散，最终变成顽疾，溶化在血液里，扎根在灵魂中，当你幡然醒悟时，已病入膏肓了，不可救药地走到了悬崖边缘。

学会原谅自己，也为学会宽容找到了支点。原谅了自己，没有了内疚和自责，宽容了别人，少了埋怨和仇恨，心里也自然也少了痛苦和烦恼的折磨，快乐就会常常不经意间走进心田！

案例

一次，我去一个朋友家玩，正好碰上他在对妻子埋怨自己、责怪自己："我真没用，我真糊涂，我真混蛋！"我问他："有什么事发这么大的火呢？"他气呼呼地说："我今天上街时，别人给我钱让我买些东西。可我却糊糊涂涂地把别人的钱全丢光了。我真是没用啊！"他妻子给我使了个眼色，示意让我劝劝他，说："他这人就是这样做错一点事，就后悔不已，唠叨个没完。早晚非病不可。"于是，我对他说："算了，算了，过去的事就不再提了，钱丢了，应该怪小偷，不是你的错。况且，你骂自己又不能把钱找回来呀！"我说："记得有人说过，不要为打翻的牛奶哭泣，你也不要再揪住过去的事不放了。"他却说道："你说得倒轻松，钱丢了是小事，可以后别人还信任我吗？还敢托我办事吗？"我说："你想到哪里去了，这完全是两件事！"伟大的戏剧家莎士比亚曾说过："聪明的人永远也不会坐在那里为他们的损失而悲伤，却会很高兴地去找出办法来弥补他们的创伤。"但生活中这样的"聪明人"却又实在少得可怜！

思考

一旦你犯了错误或过失的时候，请务必注意以下几点：

一、把已经发生的一切都看成是正常的，要勇敢地承认现实，接受现实。

二、不要因此后悔不已。切记世上没有"后悔药",谁也不能再改变过去。

三、不要因此怪责自己,而一定要学会原谅自己。为自己找出犯错的"借口",也就是你犯错的"原因",在接受教训的同时开解自己。

四、不要因此否定自己。这是许多犯过错误的人都爱犯的通病。自己身上有一点缺点,就把自己看得一无是处。而你越是再犯错的时候,越是应当从自己身上找出更多的优点才对。

五、忘掉以往所有的过失,切莫再抓过去的伤疤。你应当丢下包袱,轻装前进,赶快从自怨自责的泥潭中跳出来,朝气蓬勃地投入到新的生活和事业中去。

六、总结经验教训,避免再犯类似的错误,以及少犯其他错误,使错误对你变得更有价值。

学会原谅自己,不是给自己找借口,而是很平静地分析我们过去的错误,从而在错误中得到教训,做到"经一事,长一智"。

77 不要奢求额外的回报

教书作为你的职业,薪水就是你的回报。你也许在正常的教学工作之外还付出了许多,但这也只体现了你是一位将责任放大的老师,但你并不能因为放大了责任而又追求更多的回报。就像农民不应奢望穿上自己种植的棉花织成的衣服、建筑工人不要奢望住上自己建筑的房子一样,老师不要奢望学生今后会对你有额外的回报,哪怕只是一张小小的贺卡。

"春蚕到死丝方尽,蜡炬成灰泪始干。"一句美妙的诗是对教师奉献精神最好的诠释,是对教师不计报酬、淡泊名利、甘于奉献最好的赞誉。三尺讲台,三寸舌,三寸笔,铸就的是三千桃李;十年树木,十年风雨,十万栋梁,是教师一生的追求。

案例

"立身有道唯勤勉，处世无能但率真"，这是阳春市双滘镇中心小学张海云老师一直努力遵循的为人处世原则。

家在春城，常住学校。几年来，大山里的坚守，她总在60千米的路程来回穿梭。在条件相对艰苦、师资相对匮乏的山区小学，她的博学多才让她成了学校最忙碌的人，从学校的知心姐姐，到主持学校德育大型主题活动，她倾注了心血；从学校的文化建设，到校际间的扶贫助学活动，她流下了汗水。她一直致力用一颗平常心、一颗责任心做着平凡的事情，默默付出，不求回报，用"按揭"的办法引领科研。

山区的教学底子薄，起步慢。有些教师的教学手段还停留在"一支粉笔，一支教鞭，一本教案"上，有时搞些大型的公开课，也是"台上千军万马，台下一兵一卒"的现象。教学效果长滞不前，课堂40分钟是瓶颈。面对着教学设备简陋，她就提出了一个前卫的名词"按揭"，山区的教学要进步，必须提前"消费"，促进流通。在研讨中，她明确提出要重视"首次教育"的观点，加强学生学习的"蝴蝶效应"教学。同时，要提高大面积的教学水平，她提出了"木桶效应"的处理办法，即是要致力于提高最后一名的水平显得尤为重要。在教学中，她力求建立一种和谐、民主、活跃的教学组织形式，为学生创设一个良好的学习氛围，用讨论式、竞赛式的教学活动取代了单纯的交作业、改作业的评估方式。在与学生交往中，她以高尚的品格影响学生，感染学生，塑造学生美好的心灵，引导学生树立正确的人生观、世界观，使学生不仅学到文化知识，还懂得做人的道理。

在教学实践中，她总结了小学语文课堂教学的"激趣—欣赏—创新—评述"四步教学法。这一教学方法既大大提高了学生的学习兴趣，又使他们的实践能力和创新能力得到了提高，充分发挥了学生的主体性，实现了师生之间平等对话、和谐交流的互动平台。她承担的《画风》、《将相和》等课例充分体现了她那娴熟而又勇于创新的教学理念和教学技能。《画风》这节课例获市二等奖，该教案并送广东省教厅参展。这节课例的成功，她主要是运用先进的教学理念，立足本地的实际展开的。正因为这样，双滘镇中心教研组才焕发活力，不断引领山区课堂教学的不断深化。

思考

时代的变革，一些人对"奉献"也有了新的理解：利益的熏心、铜臭的腐蚀，一些人工作时不再默默无闻，而是做了就说、小做大说、先说后做，甚至是说而不做。一些人奉献了但不是无私的。给学生补课要收补课费，给学生订资料要收回扣费，更有甚者没有奉献也要索取。搭车收费，捏造理由收费，做保险、订服装，看电影等，从学生身上揩油的现象太严重了。虽不是普遍现象，但这种不良现象却有星星之火燎原之势。奉献风何在？师德风何存？

而作为一个教师，拥有奉献精神是基本要求，也是师德的基本内涵。教师奉献了时间，奉献了精力，奉献了知识，奉献了为人道，奉献了精神品质，奉献了青春乃至生命。也正是有了这些奉献，才有了花朵的雨露滋润，才有了小树的茁壮成长，才有了社会的栋梁材。教育家陶行知说："捧着一颗心来，不带半根草去。"这是教师奉献精神的真实写照。

78 规划自己的职业生涯

职业生涯规划是指一个人与组织相结合，在对一个人职业生涯的主观、客观条件进行测定、分析和总结的基础上，对自己的兴趣、爱好、能力和特点进行综合分析与权衡，并且能综合时代特点和自己的职业倾向，确定其最佳的职业发展目标，为实现这一目标规划出行之有效的安排。

在知识经济的时代，教师的生涯规划对教师个人的成长，以及教师所担负的重大使命的完成，具有极其重要的意义。教师的生涯规划是职业生涯规划的一种，对教师的可持续发展和成长具有重要的意义。首先，它是时代发展、终身教育的必然需要；其次，它是教师自身发展的需要；再次，教师良好的生涯规划，可以帮助教师活出最佳的状态。

案例

依稀还记得小时候怀着美丽的憧憬踏上了求学之路，如今我已经在教师这个工作岗位上干了八年，随着社会的发展，对教师的要求越来越高，教师在不断完善个人业务水平的同时还要提高各方面的能力，发挥自己的特长。如不继续学习和提高，将很有可能被社会淘汰。针对目前形势，我对自己的成长和业务水平的提高制定以下计划：

一、现状分析

作为青年教师，我有着充沛的精力和灵活的头脑，对不断完善、更新的教育理念有着较强的接受能力。能在教学中熟练地运用现代教育媒体，并在工作中进行摸索、探究。具有较强的事业心和责任心，平时能对照教育理论来反思自己课堂教学的成功经验和失败教训，对教材编排有自己一定的独到理解，逐渐形成具有个性的教学设计。敢于在教学中做一些尝试，努力钻研，注重爱护和培养学生的好奇心和求知欲，尊重关爱每位学生，保护学生的探索精神、创新思维，营造崇尚真知的氛围。能协调好社会、家庭、学校三者之间的关系，加强教师、家长、学生间的沟通，为教育教学工作和谐、顺利地展开奠定坚实的基础。

以上是我觉得做得还不错的地方，下面说说我的劣势：我感觉我正在经历一个青黄不接的阶段，在课堂教学中创新意识强，却不能很好得实施，效果往往和自己预想的相差很多；课堂上我总是提醒自己要学会倾听，但是每次听完学生讲我总会出一身汗，最后还是要我再讲一遍，造成时间的浪费、效率的降低；我心里很明白，要承认学生的差异性，要注重学生的发展，但是最后我还是以成绩定输赢；我很想在科研中出成果，但是每次的论文总也找不到重点，研究对象都让我感觉我已经落后了。

二、发展目标

第一，自我定位

广求良师，博览群书，努力探索，积极成为知识渊博、教学技艺精湛、德艺双馨的骨干教师，成为学校不可或缺的人。

第二，实施方案

（一）业务方面

纵横听课：同学科同年段听课，同学科不同年段听课，纵向了解本学科个阶段的教学目标和要求，做到课堂教学"心中有数"；不同学科听课，横向关注本学科与其他学科之间的联系与沟通，寻找教学规律，为培养学生的综合素质打下扎实的基础。

教学实施：坚持在课前做到"两问"：一问教材，深刻钻研教材写好教案，理清教学重点和难点；二问自己，准备好没有，这堂课难点在哪里，怎样突破，要教给学生什么，怎么上最有效。在教学中要因材施教，有的放矢，不盲目追求形式，合理进行教学设计，实现教学的最优化。

写好反思：反思是自我提高的阶梯，对每堂课的成败及时地进行总结和反思，是对自身教学工作的检查与评定，是适时总结经验教训、找出教学中的成功不足的重要过程。将在课上所遇到的问题和失误及时记录下来，从主观和客观上去寻找原因，并努力寻找解决的方案，使之成为以后教学中的前车之鉴。并且对自身在教学过程中忽然产生的灵感和好的教学方法记录下来，不断丰富自己的教学方法。

读书：每学期读一本教育专著，如《青少年心理问题研究》等，及时做好笔记，写出自己的心得，丰富自己的文化素养。多看权威性的教育类期刊杂志，如：《人民教育》、《中国教育报》、《中小学教育》等，了解更多著名教育专家、行家的观点，了解当前的教改动态。

利用信息技术：充分利用网络优势，学习教育教学方面的新思想，掌握新方式，运用新理论，提高教学效果。提高计算机操作水平。

（二）教科研方面：

撰写论文：当今社会，机遇与挑战并存。我们应该不断修炼"内功"，随时挑战机遇。认真做好读书笔记和教学教育笔记，积极撰写论文，把自己的专题研究从实践层面提升至理论层面，不断提高论文质量，每学年至少要有一篇论文在市级及以上刊物上发表或获奖。

以上是我结合自身实情列出的发展规划。同时，我还将结合学校发展规划，坚持以校为本，积极投入课题研究，踊跃参加校本研修，尽我所

能，成就自我，在自我发展的同时为学校的发展作出贡献。

思 考

　　成功的职业生涯离不开好的规划。人生如大海航行，职业规划就是人生的基本航线，有了航线，我们就不会偏离目标，更不会迷失方向，才能更加顺利和快速地驶向成功的彼岸。

　　然而，有了规划，就一定会有成功的职业生涯吗？也不一定。未来会怎样谁也无法预料，但是有了坚忍不拔的意念，有了目标，而且在不断更新，我们就能把握未来。因为这样实现一个目标后，便会看准下一个，作为教师，我们需要不断进取，因为这样才能给予自己的职业生涯真正的意义！

79　勇敢面对改变

　　美国著名教师教育专家帕克·帕尔默在他的《教学勇气》一书曾这样说："越热爱教学的老师，可能就越伤心！"很多教师非常热爱教学，但他们却时常遇到很多困难，并因此感到无助和恐惧。他们渴望成功，并为此付出了很多，却常常不得不面对失败。理想与现实背离，所以会丧失勇气。

　　帕尔默的发现是：教师需要让自己处于不断的自我更新、自我变革的生活中。可是，很多教师往往惧怕变革，一旦遭遇变革，教师就会陷入不适应、不稳定、不平静的恐惧之中。

　　于是，帕尔默就提出了这样一个思路：

　　第一，变革是需要的。这是教师的宿命，优秀的教师必须让自己处于变革之中。恐惧之所以必要，是因为变革是必要的。

　　第二，一旦置身于变革之中，教师就一定会给自己带来恐惧。由于变革是教师的宿命，恐惧也是教师的宿命，教师不能拒绝变革，也因此不能

拒绝恐惧，拒绝恐惧的教师是弱者。

第三，恐惧与变革一样，它是必要的，但帕尔默并不提倡教师用恐惧来折磨自己。教师需要用自己的自信来抵消恐惧。

案例

新课程改革是我国教育发展进程中又一次质的转变，无论是给学生，还是给教师都带来了前所未有的挑战和冲击。于是，在与新课程的第一次亲密接触过程中，"新课程，想说爱你不容易"成为许多教师面临的首要困惑。

案例一：

杨老师是一位有着二十年教龄的某重点中学的中年高级教师，他所教的班级成绩一直不错，可以说他在工作上的成绩早已是有目共睹，得到了广泛认可。因此，他在面对新课程改革时比较坦然，只希望不要增加太多额外工作量，相信自己根据自己多年的教学经验完全可以应付一切挑战。而且，在他看来，自己在事业上的发展已经不错了，已评定了高级职称，课教得也不错，再怎么努力也不可能有什么质的改变了，所以，他并不认为新的课程改革是自我发展的一个契机。

案例二：

一位退休返聘的数学教师，工作上非常敬业，兢兢业业地教书育人一辈子，把自己所有的心血都奉献给了教育事业。他经验丰富，一直按照自己认为有效的方法进行教学。他认为新课程改革的许多东西自己是不能接受的。他觉得新的教学方式，尽管看上去很好，但会使学生学得不踏实，知识浮在表面。因此，他对新课改持否定和怀疑的态度。

思考

案例一中的杨老师是一位比较成功的教师，但是当发展到了一定阶段后，他就感到缺少动力，面对新课程也难以产生开拓创新的激情。我们不能责备杨老师的这种想法，但我们不得不遗憾地说，这样一位正处于人生和事业上升时期的优秀教师，过早地将自己陷于发展的停滞期，实在是太可惜

了！新课程改革对教师来说，绝不仅仅是一次只是为了学生发展的教学改革，它的魅力和吸引力恰恰还在于，它为教师的进一步成长提供了新的挑战和机遇。其实，杨老师正可以利用这样的机会，突破自我，冲出自己发展的停滞期，使自己向更高的发展阶段——成为一位真正的教育家迈进。

而案例二中那位老教师的想法可以说代表了相当一部分教师特别是老教师对新课程的看法。在他们看来，新课程的改革与他们几十年来坚守的教育教学思想似乎完全不同了，他们觉得这是对传统的背叛，是不能接受的。加上新课改初期不可避免地会遇到一些困难和问题，出于教育者的良知，他们担心影响学生的正常发展，因而就认为这是新课程理念错误的表现。这一方面反映出我们在宣传和实施新课程时存在误区——没有展示出新课程对传统教育的继承和发展，过于强调二者的对立和不同，人为地割断了教育发展的连续性。另一方面也反映出我们对待教育改革中的问题还存在认识的偏差。

毕竟新课程的改革才刚刚拉开序幕，由于没有现成的经验可以模仿，我们在改革中只能摸索前进。所以，教师一时难以适应新课程，甚至对其回避和抵触，也是很自然的现象。不过，既然已经感受到了现行教育中存在这样或那样的问题，而教育本身也是需要不断发展的事业，那么改革就是每一个教师都无法回避的、迟早都要面对的问题。改革就意味着改变和尝试，必然会遇到困难，必然会带来阵痛。作为改革中的一员，教师需要回答的主要问题不是选择改或者不改，而是如何向好的方向改进，所以应该做的是不断调整自身，去适应这种变化，以达到教育变革和自身发展的最佳结合，而不是以一个局外人的身份拒绝成长。

80　学会合理规划生活

教师的工作十分忙碌：课要备，各种活动要搞，作业要批，后进生要

辅导，各种材料要做，加上许多临时性的工作，整天忙忙碌碌，放下了这边的活，那边还有事等着。忙得团团转，似乎有做不完的事情。

但有的时候，我们虽在忙碌效率却很低，大多数情况下是心里忙乱。做着这件事情，想着其他事情，总觉得有许多事情要做。每件事都想做，每件事都无法认真做好，因为无法安心做好每一件事情。那么，与其做不好每一件事情，还不如静下心来，认真去做每一件事。做每件事都要知道先做什么，后做什么。这是一个良好的习惯，也是一种思考问题的逻辑方法。

案例

下面是一位教师的一日生活规划日记：

明天正式开学上课，时间就会紧张了，所以，必须规划好时间，否则，因为忙、琐事多，心里也会烦躁不安的。

怎么安排呢？过几天，果果和宝宝也该上幼儿园了，早上八点，要送他们去幼儿园，下午五点接回来。他们在家的时间，要全力陪伴他们。这样一天的时间安排就要科学合理才行。

主要内容：备课、上课、改作文、陪孩子、做家务。

初步计划：

1. 早上五点起床，周一、三、五有早自习，进班辅导，背《论语》、《诗经》、《楚辞》；二、四、六没有早自习，上网写教学反思日记（限定一个小时），做早饭，带领孩子做幼儿广播操，或学幼儿舞蹈，让孩子动一动。(7：00)

2. 早饭后，二、四、六有饭后辅导，然后备课、上课。六天，上午有六节课，休息时洗衣服；改作文10篇。做午饭。(11：45)

3. 中午，吃饭，午睡30分钟。（孩子中午不回来）(1：30)

4. 下午，六天内有四节下午的课，备课、上课，休息时读书，上网查资料（限定30分钟）。改作文十篇。做晚饭，(5：15)

5. 晚上，陪孩子的时间。吃饭，洗刷（约半小时），一周内有两节饭后辅导、两节晚自习辅导。带孩子到校外散步，与自然接触。洗澡，玩卡

片游戏,共同读书——讲故事、背唐诗……让孩子八点入睡。

6. 孩子入睡后,上网学习、交流(半小时);写教学反思日志;读书(至少半个小时)。十点半休息。

思考

很多教师因为缺乏合理的规划,生活在忙乱当中,疲于应付工作,造成工作效果不理想,非但尝不到成功的喜悦,连生活中应有的快乐也失去了。而也有这样的典型,他们看上去不急不躁,沉稳平和,却将各项工作完成得井井有条。

原来,忙碌不堪的老师,是因为缺乏计划性,眉毛胡子一把抓,不分轻重缓急,想起什么干什么,造成了忙乱,工作效率不高,甚至影响生活质量.而另外的人,担着同样的工作,却看似悠然,是因为人家将每天的事情做了合理的规划,主次分明,忙而不乱.

人的能力是有差异的,但是,只要学会梳理生活,合理计划,就能提高工作的实效,使我们能够拥有相对美好的生活!

81 对任何事物都有自己的观点

孟子说:"尽信书不如无书。"要教育学生不唯书,教师首先自己不唯书。

不唯书,就需要我们在教学过程中做到不受《教学参考书》、《教案集》的标准答案和优秀教案的束缚,大胆处理教材,大胆设计教学思路。

不唯书,就需要我们从认识上打破教材作为唯一教学资源的神话。正如《新课标》里面描述的那样:只要"符合学生的身心发展特点"、只要"体现时代特点和现代意识"、只要"具有典范性、文质兼美"的文章,都

可以拿来让学生学习。

不唯书，还需要我们在教学过程中把书本知识和生活实践经验有机地结合起来，把课内知识和课外知识紧密结合。有了这些新课程理念，我们在使用教材的时候，就不会盲目向学生推荐教材，就会用既求同又求异的创新精神去引导学生在认真读书。多方面吸引营养的同时，要学会批判地读书，敢于给教材挑刺，善于独立思考，敢于发表自己的见解，做到既能入书理解，又能出书批判，不唯书是从。课堂教学的过程中不仅仅是教材使用的过程，更是改进和完善教材、不断丰富课程资源的过程。只有这样读书，才能充分展示每个个体生命的风采，课堂才能真正成为学生心灵放飞的地方。

案 例

几千年前，古希腊大哲学家苏格拉底常给弟子出题目，但少有满意的回答。很快，他发现弟子们太依赖他的思想，太没有自己的主见。一天，当弟子们再次围拢后，苏格拉底从皱皱巴巴的短袍里掏出了一只苹果，站起来，目光深邃地对青年们说："这是我刚刚从果园里摘下的一个苹果，你们闻闻它有什么特别的味道。"他拿着苹果走到每一个弟子面前让他们闻闻。几十个弟子的答案是一致的——闻到了苹果的香味。苏格拉底最后走到柏拉图的面前，示意他站起来回答。柏拉图站起来，看了看同学们，然后慢慢地说："老师，我什么味道也没有闻到。"

同学们万分诧异：怎么可能呢？一个熟透的苹果怎么会什么味道都没有呢？一向聪明善辩的柏拉图今天怎么了？苏格拉底把柏拉图拉到自己身边说："只有柏拉图是对的。"

弟子们十分疑惑。苏格拉底把那个苹果交给弟子们传看，竟是一个蜡做的苹果！他们惊讶地问自己：自己刚才怎么闻到了苹果的香味呢？

苏格拉底对弟子们说："永远不要用成见下结论，要相信自己的直觉，更不要人云亦云。我拿来一个苹果，你们为什么不先怀疑苹果的真伪呢？不要相信所谓的经验，只有怀疑开始的时候，哲学和思想才会产生。"

思考

如果你向对方做一个攻击的动作（并非真的要攻击），对方会不假思索地举手格挡招架，这就是一种思维方式，或者叫做经验。它既是好东西，也禁锢了我们的思维，我们在赞赏经验的同时，也容易在经验面前裹足不前，正如故事中关于苹果的味道问题一样。因此，教师在平常工作、学习和生活中遇到问题时，切忌全凭经验行事，要有怀疑精神，敢于发表自己的见解，对任何事情都要有自己的观点。这样才会有所发现，有所创新。

82 积极乐观面对生活

每个人的生活各不相同，生活的质量和品味也千差万别。我们也总会出现羡慕或者厌恶别人生活的情况。事实上，生活的差异确实存在，我们一时很难统一。但我们面对生活的态度却可以通过我们调整对生活的看法统一起来。

教师开朗乐观，笑对人生，就能感染学生，容易使学生性格开朗乐观。如果教师整天愁眉苦脸，面对人生的风风雨雨不敢面对，如何能要求学生积极乐观呢？我们可以闷闷不乐，无精打采地度过一天，我们也可以带着不满的态度，毫无耐心地去对待同事，但是如果我们带着阳光、幽默、带着愉快的心情去上课，我们就会拥有美好的充实的一天，因为在这一天里你带给了学生快乐也带给了学生积极向上的人生理念。

案例

从温州来到西岙这个偏僻的农村，王碧老师没有一点城市人的娇气，她从心到身完全地融入到西岙。生活中的种种困难，如路途遥远（离瞿溪

四五个小时的车程）、购买东西极其不便（要从家中带过来）、提心吊胆地乘坐汽车（每天汽车只有两班，有时不准时出发，错过了就没有办法）、冬季天气寒冷、学校经常性停水（最长的停水是一个多月不见一滴水），等等，在她眼中这似乎不值一提。当别人问她，在这生活得如何时，她总是笑谈支教生活，至今已撰写《我的支教旅程》十万多字。

王碧老师以乐观容纳了西岙的一切，适应了西岙的一切。在快乐生活的同时，她以自己的言行来影响、感化他人，当他知道在支教中的老师有感到不适时，她总会给予耐心的开导，"接受不能改变的，改变不能接受的"一句平常语，不知安抚了多少不安的心。面对学生在生活中的困难，王碧老师看在眼里，记在心里。不管是她看到有学生为学习用品发愁，还是为了鞋子袜子之事发愁，王老师总是自掏腰包，为学生们从县城带来所需物品。当她看到孩子们在寒冷的冬天还穿着单薄的衣服时，王碧老师更是急学生所急，马上把这一情况向瞿溪三小老师作了反映，为学生量身定做了校服。在节日中，王碧老师仍然牵挂学生，如中秋节为学生们送去月饼，与学生们共同分享节日的快乐。当他们班的绍胜放假摔伤时，王碧老师马上去他家中慰问。

王碧老师就是这样，在生活上以乐观笑谈支教困境，以关心润他人之心。

思考

在我们的日常生活中，老师们可能有过这样的经历：心情好的时候，天空特别亮，接触的人也特别美；心情不好的时候，一样的天空，一样的人，看上去的感觉会完全不一样。

常言说得好，改变不了环境的时候，你就要学会适应环境；改变不了别人的时候，你可以改变自己。对同一件事，不同的人会有不同的看法，不同的看法会产生不同的情绪体验，你是幸福的感觉还是痛苦的感觉，全在于你对这件事的看法。辩证唯物主义告诉人们，事物都是相对而言的，所以苦和乐也是相对的，都是对生活的一种感受。古人说："比上不足，比下有余。"将劳动者比，则悠闲者自乐；将疾病者比，则健康者自乐；

将祸患者比，则平安者自乐。于是鲁迅笔下的阿Q学会了精神胜利法，那么作为教师的我们呢？所以，当我们看到世间不如意事的时候，那就自我安慰一下，抑或睁一眼闭一眼，抑或随遇而安吧！因为面对生活，我们还是要保持一种积极乐观的心态。

83　不要与他人攀比

不论你是与中学同学还是与大学的同学相比，可以肯定地说，你是比上不足，比下有余。但你却很容易只将眼光盯着那些在事业、爱情以及拥有的财富比你强的同学，而这种比较既让你感到浮躁，同时也让你的心情灰溜溜的。其实，你虽不是最成功的，但你肯定不是失败者，用不着灰心丧气。

案例

下面是在互联网上流传很广的一个教师的帖子。

我不想说我是教师！我有很多很多种不想做教师的理由！

教师 VS 公务员

很多年前就听说教师待遇要以公务员的工资为参照标准，结果很多年过去了，教师涨的那一点点工资根本就赶不上物价增长。与公务员工资齐平那更是天方夜谭，真不知道这个神话什么时候能变成现实！所以教师特别是小学教师队伍中存在大量的未婚大龄男青年。要是哪个教师到了30未婚也就见怪不怪了！这从一个侧面反映出教师的社会地位和经济地位。

教师 VS 运动员

运动员虽说训练艰苦，但总有一个想参加世界级比赛的梦想，到了那

一天，不仅可以成为众人关注的明星，如果一举夺魁，那是车子、房子、票子要啥有啥，不会有人来收税，不会有人来查巨额财产来历不明罪。教师呢，只能一辈子平平淡淡，不会有什么辉煌，也没有一夜暴富的机会。

教师 VS 农民

可能你要说，当教师总比农民强吧。是吗？农民特别是山区农民可以生第二胎，你做教师敢生就让你立马下课。现在农民免税不说，如果遇到国家或者哪个集团相中了你种地的这个地方，那就可以农转非不说，还可以分房子，发生活费。教师行吗？谁分给你房子？如果我是农民，俺们老家就被占了，35平方米一个人，还有过渡费、青苗费、房屋拆迁费，俺回去问村支书有俺的份吗，村支书想都不想就回答俺：没有！那一刻，我多想我是一个农民！

哎，说起来当时读书的时候成绩挺好的，为什么做了教师谁都比不赢呢。做教师满10年那天我盘点了我的总家产：这10年我住上一辈人买的房子，手里、银行里、所有的地方的钱加起来总共3000块人民币！哦，还是才发的，不知道能不能把它存到过年。我记得我做教师最窝囊的时候是，看着怀里的孩子发了高烧，我却找不到给孩子交住院费的600块钱，好在老妈看在关爱下一代的份上借给了我，但那一刻我真的觉得自己没用得够呛！

思考

职业没有高低贵贱之分，当然也不存在屈就之说。如果我们有一份职业规划，我们就应当不断努力，使规划变成现实，实现我们的人生价值。

无论做何事都应无比竭尽全力，因为它决定一个人日后事业上的成败，一个人一旦领悟了全力以赴的工作能消除工作辛劳这一秘诀，他就掌握了打开成功之门的钥匙了。能处处以主动尽职的态度工作，即使从事平庸的工作，也能增添个人的荣耀。

84　严格要求自己

提起现在的学生，许多老师就会摇头感叹：抽烟、喝酒、打架、斗殴、上网吧、作弊、早恋……实在难管呀。可是，只要仔细观察就会发现，有些学生的问题恰恰出在教师自己身上。

有的教师不允许学生上网聊天、打游戏，自己却躲在办公室里偷偷上网聊天、打扑克、玩游戏；有的教师不允许学生带手机，自己却当着学生的面发短信，没事偷着乐；有的教师不允许学生喝酒，自己却红头涨脸醉醺醺地站在讲台上，连书都忘带了；教育学生讲究卫生，不随便吃零食、不乱扔垃圾，保持教室和宿舍里的干净整洁，而自己的办公室却从来不打扫，瓜子壳、水果皮扔得满地都是，脏了支派学生来清理；教育学生对人有礼貌、主动打招呼，可是面对学生的问候却是一脸的麻木，一脸的严肃；教育学生讲诚心，可教师参加各类考试时，却想尽一切办法作弊；教育学生要讲团结、相互尊重，可是教师之间为了当优秀、评职称而争得面红耳赤。

学校无小事，处处是教育；教师无小节，处处皆楷模。古人云："其身正，不令则行；其身不正，虽令不行。"教师的率先垂范，比任何说教都来得有实效。要求学生做到的，自己先做到，这样无声的教育才是真正的有效教育。

案例

我国著名教育家张伯苓，1919 年之后相继创办南开大学、南开女中、南开小学。他十分注意对学生进行文明礼貌教育，并且身体力行，为人师表。

有一次，他发现有个学生手指被烟熏黄了，便严肃地劝告那个学生：

"烟对身体有害,要戒掉它。"没想到那个学生有点不服气,俏皮地说:"那您吸烟就对身体没有害处吗?"张伯苓对于学生的责难,歉意地笑了笑,立即唤工友将自己所有的吕宋烟全部取来,当众销毁,还折断了自己用了多年的心爱的烟袋杆,诚恳地说:"从此以后,我与诸同学共同戒烟。"

果然,打那以后,他再也不吸烟了,当然,那位学生也把烟给戒了。

思考

美国当代著名心理学家阿伯特·杜拉认为,影响学生道德学习的因素很多,但是,其中起决定作用的是行为主体的观察或对榜样的模仿。首先,学习者通过观察、模仿别人的行为,可以获得新的反应方式;其次,通过观察和模仿,可以抑制已习得的反应,也可以解脱对这一反应的抑制,即当学习者观察到某一反应受到惩罚时,就会降低他对这一反应的模仿,反之,当学习者看到这一反应受到奖励时,就会消除对模仿这一反应的抑制;第三,观察和模仿可以激励或强化原有的行为倾向和行为模式。

要想取得好的教育效果,最大的、最好的、最经常的榜样是我们教师自己。最好的教育方式是教师的言与行。教师是学生心目中的榜样,在全力推进素质教育的今天,教师更应该提高自身素质,树立职业道德,以高尚的道德风范去影响学生,当好学生健康的指导者和引路人。

85 不忽略每件小事

要想比别人更优秀,只有在每一件小事上下功夫。小事成就大事,细节成就完美。其实,人生就是由许许多多微不足道的小事构成的。只有日积月累地捡拾细碎的石块,才能构筑起高耸雄伟的城堡。

教师的职业性质决定了我们必须从一件件平平常常、实实在在的小事做起，"千里之行，始于足下"。那种视善小而不为，认为做善小之事属于"表面化"与"低层次"的眼高手低的人，是不可能成为优秀的教师的。"天下难事必作于易，天下大事必做于细"，什么东西都有一个由量变到质变的过程。要善于从小事做起，努力把每一件小事做好，将来才能做成大事。正如曾国藩语："泰山之高以其不弃粪壤，沧海之大，以其不拒浊流。"

案例

湖北宜昌当阳市退休教师郑琦在四十多年的教学生涯中，长期担任一年级语文、音乐课教师及班主任，最高只担任过一任五年级班主任。在他的履历里，找不到惊天动地的大事件。接送学生过河，走村串户家访，为贫苦孩子垫付学费……这些事情，在每一位人民教师身上，都可以找到。郑琦的不平凡，在于他立足本职岗位，把这些平凡的小事不间断地坚持做了几十年，在平凡中书写不平凡的人生。

2000年，郑琦老师从井岗小学退休后，卖掉了原来的住房，创建了井岗小学校外辅导站（后发展为桐树垭青少年活动中心）。在他的精心筹划和社会各界的支持下，活动中心篮球、羽毛球、单双杠、吊环、乐器、电视、电脑等文体设施一应俱全，青少年读物、少儿画册、文学名著、科普书籍、期刊杂志等各类藏书达三千多册。每到放学之后和节假日，活动中心就成了孩子们的乐土，他们在这里唱歌跳舞，写字画画，打球下棋，读书看报，种树养花。

下面的文字，是采访湖北宜昌当阳市退休教师郑琦的部分录音整理。听一听这位六十五岁老教师的独白——我是个普通的乡村教师，初师毕业，文化水平有限。四十多年来，我教过五年级语文一次，一至四年级语文几次，一般教一、二年级语文。我从来没想过当典型，甚至连做梦也没想到会获得这么多荣誉。当了典型，我感觉压力很大，只能干好，不能干坏。要问我有没有担心年纪大了，没人接班，孩子们会不会没有人管了，我还真没想过这些。我只想在有生之年，把教育未成年人这件事做好，社

会上有这么多热心人,我也希望有更多的人来关心孩子们,有更多的人参与平凡的小事。

思考

我们身边有太多的人,总不屑一顾做小事,总是盲目地相信"天将降大任于斯人也"。孰不知,能把自己所在岗位的每一件事做成功就很不简单了。不要以为美国总统比村民组长好当,有其职就有其责,有其责就有其忧。所以,不如做好眼前的每一件事。

老师们教学生"勿以善小而不为,勿以恶小而为之",就是因为老师们明白小事正可于细微之处见精神。有做小事的精神,就能产生做大事的气魄。不要小看做小事,不要讨厌做小事。只要有益于工作,有益于事业,人人都从小事做起,用小事堆砌起来的事业大厦就是坚固的,用小事堆砌起来的工作长城就是强硬的。

86 让自己"现代"起来

让自己"现代"起来,这是新形势下社会对教师所提出的新的要求,这一要求的核心就是要求教师与时俱进,不断学习,不断充实自己。当今世界新技术层出不穷,作为教师,如果不了解现状,还停留在原来的层面上,在教学中继续沿用老的一套的话,那就有可能对学生造成误导,使他们不能及时、全面地接触到新事物,并在实际和认识中产生偏差,轻的可能闹笑话,严重的可能影响孩子的整个成长过程。

教师自己先要坚持与时俱进,不断学习吸收新知识、新概念,分析新技术、新情况、新名词,然后传授给学生,同时也要将新出现的负面的东西坚决杜绝,让学生们早日认识到其危害性,获得健康成长。

案例

当前中学生,尤其是初中学生,喜欢古典诗词的并不多。针对这一现象,我从当前中学生喜欢的流行歌曲入手,来引导他们进入古典诗词的殿堂。以下是部分课堂实录:

师:流行不一定都成为经典,但经典大多是曾经的流行。流行并非仅像人们普遍认同的那般转瞬即逝、浮光掠影、表面肤浅。在经过时光的清洗与沉淀之后,某些流行便成了经典,能够积年累月令人寄以怀想。所以同学们喜欢流行音乐我认为无可厚非,今天我们就来上一堂与流行音乐有关的课。下面我们边听音乐,边看歌词,然后思考一些与文学相关的问题,看看同学们的欣赏水平如何,加油哦!

欣赏《东风破》

问题——周杰伦的《东风破》中有这样的句子:"一盏离愁孤单伫立在窗口,我在门后假装你人还没走。旧地如重游月圆更寂寞,夜半清醒的烛火不忍苛责我。一壶漂泊浪迹天涯难入喉,你走之后酒暖回忆思念瘦。"请根据这些句子,联想我们读过的一些诗词,筛选出与之有类似意境的句子。

生1:"有约不来过夜半,闲敲棋子落灯花",显露友人不至,心情怅惘。

生2:"不应有恨,何事长向别时圆",表达一种月圆人离的孤寂无奈。

生3:"古道西风瘦马",展现了一幅游子浪迹天涯的图画。

生4:"帘卷西风,人比黄花瘦",表现了怀人的愁苦和憔悴。

师:看来同学们已走进了诗词所营造的氛围当中,联想很丰富,很有想象力。"一盏离愁"、"一壶漂泊",寥寥几字,诉说的孤独和荒凉却是在无尽地延伸;"月圆更寂寞"是写月圆人不能团圆的情怀;"思念瘦"道出了思念之苦对人的煎熬。

师(总结):看来流行音乐也别有洞天,也有一扇通向文学经典的大门,我们要从流行中看到经典。今天的流行如果建立在昨天的经典之上,也许它就会成为明天的经典!

思 考

在新的时代，每一位教师都要具有学习的精神、研究的精神、创新的精神、敬业的精神，以现代的理念指导教学，以现代的步伐实践新课程，成为一个有现代感的、出色的教师。

案例中，通过开发与利用"流行音乐"这一资源，"流行音乐"与"经典文学"来了一次亲密接触，学生在流行音乐中经受了文学经典的洗礼，逐步加深了与古典诗词的感情，开阔了胸襟，陶冶了情操，拓宽了眼界，丰富了知识，学会了在"流行"中辨伪去妄，也提高了鉴赏能力。

87 教到老学到老

有人这样说，一个博学多才的老师不仅要具有演说家的口才和艺术家的风采，还要让学生从语言到行动上都羡慕他、模仿他，而且还要是一个不断学习、勤奋学习、善于学习、终身学习的老师。新修订的《中小学教师职业道德规范》中明确指出："教师要树立终身学习的理念。"

在网络普及、通讯发达、信息爆炸的今天，学生信息的来源很多，知识老化的周期很短，更新的速度很快。只有不断学习，随时更新储备知识，才能成为一名合格的教师。

案 例

作为一名从教二十年的中学高级教师，我本以为自己对教学已经驾轻就熟，本以为经过了几次计算机考试，一般的操作也不会有问题了，谁知通过博客与教师专业发展的网上在线学习，通过开博做作业才知道还有很多很多不会，开博这些天一直处在学习之中……刚开博真的还有许多不

懂：不懂上传、不懂日志怎么分类、不懂怎样完善博客、不懂怎么上传照片、不懂怎样去评论等。几天下来，通过学习金老师的报告，在周老师和其他同仁的指导下终于能够正常使用了。在教材中金老师说："新课程使教师面临着全新的挑战，从教育理念到教学行为，从教学方式到教育功能，从课程评价到课程资源开发，都要求教师在教学实践中探索，在探索中反思，在反思与实践的交替运动中逐渐达到驾轻就熟、不断完善的境界，面对新课程背景下的严峻挑战，教师必须实现角色转变，即由传统意义上的'教书匠'转变为具有创新精神和创新能力的研究者，即研究型教师。"我知道这是个很深的课题。我想这是我们作为教育工作者所应该追求的，也是我今后会不断探索的。

这些天我学到了很多，套用一句老话，就是：每天进步一点点！现在，我觉得自己还有很多很多不懂的东西，还要不断学习。通过这次学习，我最深的体会是六个字——"活到老，学到老！"

思考

"问渠那得清如许，为有源头活水来"。作为教师，我们只有不断学习，取他人之长补己之短，更新教育理念，与时俱进，开拓创新，才能紧握成功的钥匙；只有脚踏实地，勇于挑战，掌握发展的主动，不断充实自己，不断超越自我，不断突破自己的能力上限，创造真心向往、超乎寻常的结果，培养全新、前瞻而开阔的思考方式，全力实现共同的抱负，才能在真正的学习中体会工作的真正意义，追求内心的成长与自我实现。

88　下决心成为名师

成为名师，并不是一朝一夕的事，可能是毕其一生之功，它是综合素质

的突出体现，也是大众认同的必然结果。所以，并不是所有教师都能成为名师。事实如此，那我们还有必要去追求、去奋斗吗？答案当然是肯定的。

我们不一定能成为名师，但我们一定要有颗成为名师的心。因为理想、追求的高低，往往会决定一个人事业成功的大小。"名师"、"大师"意味着自己的人生价值得到了最充分的实现。"名师"、"大师"的称号，虽不能代表全部，但却是衡量教师成就大小的最好、最简单明了的尺子。

案例

推进课程改革，促进教师发展。近几年来，全国涌现出了许多优秀青年教师。在最有影响的青年教师中，窦桂梅无疑是其中的佼佼者。

翻开她的书稿，真是文如其人：别具一格的标题，富有个性的话语，独特而鲜活的思想，使人不忍释卷。

首先令我钦佩的是，窦桂梅是一个爱思考、有独特见解的人。这思想、见解是属于窦桂梅自己的，是窦桂梅教育实践的提炼和升华。在书中，窦桂梅并没有讲大道理，也没有罗列出许多原则和规律，而是选择了一个新的视角：从研究教学活动中的"细节"入手，从一些我们常常熟视无睹的"小事"入手，以小见大，见微知著，让读者自己去悟出"规律"。

窦桂梅不仅爱思考，而且善于思考。她在《动态处理"讲与学"的黄金分割点》一文中认为，要在具体的教学活动中"动态处理"，关键要把握"度"，最佳的"度"则是"黄金分割率"。正像她阐释的那样，找准最佳的"度"，谈何容易！常常是"差之毫厘，失之千里"。在教学中，我们往往采用"非此即彼"的逻辑使得问题片面化、绝对化。强调学生是"课堂教学的主人"，是"认识和发展的主体"，教师的引导和组织作用还需要吗？强调学生的自主、合作、探究，教师的讲解还需要吗？语文强调自主感悟，培养语感，语言训练、咬文嚼字还需要吗？等等。看来，寻找"黄金分割点"，不仅是"讲"与"学"的问题，而是涉及到教学中的方方面面。由此举一反三，触类旁通，从方法论的角度深入思考教学实践中的一系列问题。

窦桂梅是一个永远在创造、永远在变革、永远在追求的人。这些年，

经常看到报纸杂志登载她的文章。从《为生命奠基》、《教育的对话》到《梳理课堂——窦桂梅"课堂捉虫"手记》，我们分明感受到的是小学语文教学领域中这位革新者的足迹，每一个步子都是艰难的，同时又是坚实的，每一个脚印都是清晰的，同时又浸润着心血；每一个转折都是痛苦的，同时又是快乐的。窦桂梅近些年的教学思考与实践的历程，总是在否定之否定中前进，在自我反思中超越。即使有某些不足，也不必大惊小怪。有遗憾的创新永远高于无缺陷的平庸。

随着课程改革不断深化，肯定会遇到许多新情况、新问题，出现许多新矛盾，在前进中还会碰到许多新困难。我以期待的目光，期待着窦桂梅带给我们一个个惊喜，也期待自己能够沿着她的足迹走下去，成为如她那样被学生爱戴的名师！

思考

人过留名，雁过留声。一鸣惊人的是鸿雁，而一马当先的则往往是名人——走在别人不曾走过的路上去成就自己的风采。

站在三尺讲台上的是讲师，活在人们心灵深处的是恩师，来往频繁穿梭过人民思想的则是名师——教坛上走出来的名人。名师，浓缩了时间扩张了实践而提升了自身价值的教育精英。自步上讲台那刻起，生活的辛酸苦涩已在心底融化成一股甘泉，溢于言表的是不尽的幸福和自豪……他们沉着大方，平静得像西湖的水，让学生荡舟起航，激起涟漪层层；坚实得像一座雄健的大山，让学生每次"绊脚"时都可以借此一靠，稳定心神后继续攀登。他们的爱是一处安全的避风港。在这里无数次错误都会被真情化解提升为追求的力量和勇气！他们是师长，但更多的时候却充当了朋友，一句"好了吗"、"这样行不行"将平和的友好牵入课堂；一句"你真棒！""你一定行！"又让学生激情燃烧，神采飞扬……他们会像朋友一样与孩子们心心相印去感受文中的喜怒哀乐和酸甜苦辣，把一种老者的智慧和人生的禅理在"随风潜入夜，润物细无声"中飞入学生的思想……

名师也是从普通老师中脱颖而出的，只要我们能够虚心学习，努力工作，就一定能成为明日的名师！